新学習指導要領準拠

小学校で習う 1026字 漢字ワークシート集

全学年 漢字まとめくん

監修　向山　洋一
編著　富田　大介
　　　師尾　勇生

この1冊で完全マスター

1 パズルで鍛える

2 絵と結びつけて覚える

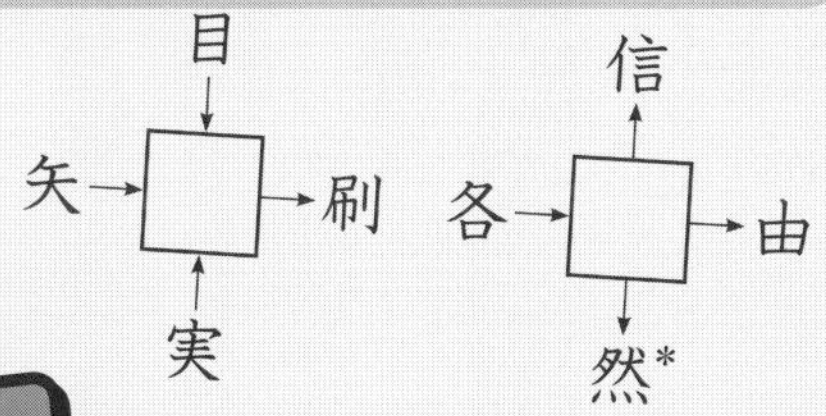

3 物語を読みながら身につける

4 総まとめで定着させる

騒人社

まえがき

様々な教材開発に関わってきました。中でも、漢字の教材については、子供達が楽しく、確実に身につける学習方法を提案してきました。

何度も何度も同じ漢字を繰り返し練習している場面を今でもよく目にします。ひたすらたくさんの漢字練習を宿題などで出され、部首だけ先に書くような漢字練習をする子まで出てくるようです。

覚えていない漢字を見つけ、練習して覚え、覚えている漢字を増やしていくことが大切です。子供達に学習方法のコツを身につけさせることが大切です。

本著の初版は平成五年に発刊されました。当時、同学年を組んでいた師尾喜代子先生が、仲間の富田大介先生、イラストが上手な教え子の吉田英弘さんと作り上げました。大変好評で、版を重ね、多くの教室で大活躍し、たくさんの先生から声をかけて頂きました。

楽しいイラストを中心にした漢字学習もあれば、確実に学年の漢字を身につけるための「学期別漢字まとめくん」「漢字総まとめくん」のページもあります。

一枚に問題と答えが書いてあるページがありますが、折り曲げて、自分テストを行い、自分で○付けチェックをするようになっています。やり終わったら、すぐ答え合わせをすることが、とても効率よく漢字を覚える方法です。自分で○を付けることも勉強です。先生やお家の人は、それをチェックしてあげてください。時には、友だちと交換して、○付けをするのも良いでしょう。意見が違ったら、大人が判断してあげて下さい。

新学習指導要領、新教科書に合わせてリニューアルしました。自習のプリント、宿題プリントなど様々な場面でお役に立つことと思います。

向山　洋一

目次

Lesson 4

◆漢字総まとめくん

本書の特徴と使い方

一、B4（またはA3）サイズに拡大コピーしてお使い下さい。
二、一枚あたりの学習時間は、二十分～三十分が目やすです。
三、子どもが自分で採点できるよう工夫してあります。
四、イラスト、物語、ヒントなどでそれぞれ学習が楽しめるよう工夫されています。
五、自習、宿題、すき間時間、テストなどに活用できます。
六、全体が次の四レッスンで構成されています。

Lesson1　イラストや物語などで楽しめるもの（イラスト漢字・物語漢字）
Lesson2　クロスやパズルなど考えて楽しめるもの（熟語クロス・四字熟語・慣用句・ことわざ・クロスワードパズルなど）
Lesson3　学期ごとの漢字まとめ（学期別漢字まとめくん）
Lesson4　学年で習う漢字の総まとめ（漢字総まとめくん）

イラスト漢字

①イラストによってものの形や様子や意味を漢字と結びつける学習です。
②一、二年生は生活がテーマです。三年生以上は、部首がテーマです。六年生にまとめとして天体・歴史編があります。習っていない漢字は辞書を引かせながらご活用ください。
③解答は、拡大して印刷すれば、児童が答え合わせをすることができます。

物語漢字

①学年の新出漢字で主に構成してあります。一部その学年までに習った漢字も出ています。
②絵に色をぬらせたり、音読させたりすることができます。
③解答は、縮小コピーになっています。（拡大し）印刷すれば、児童が自分で答え合わせをすることができます。

漢字二字熟語クロス

①矢印の方向に熟語を作り、四つの熟語に共通する漢字をさがす問題です。
②「○年」とあるのは、その学年までに習った漢字で問題を構成しているという意味です。□の中（答え）には、その学年までに習った漢字が入ります。
③＊ヒントを消して印刷すると、難易度が高くなります。
④自習時間、すき間時間などにご活用下さい。

特別な読み方をする漢字

①いわゆる「熟字訓」の問題です。小学校で習う三十二の熟字訓がのっています。

②読みがなは、漢字と対応するふりがなではないので、〈　〉がついています。

③熟字訓は、まず読めることが必要です。読みの練習をしてから書く練習をさせて下さい。

漢字クロスワードパズル

①たてのヒント、よこのヒントから熟語を見つけるパズルです。

②「○年」とあるのは、その学年までに習った漢字で構成しているという意味です。

③辞書などを使わせれば、どの学年のものも活用できます。

学期別漢字まとめくん

①出題数は、表の通りです。

使用時期の目安を示しています。

教科書の配当漢字を確認してお使いください。

②一月～三月の時期に使うまとめくんは、その学年で登場する読みかえ漢字を入れて五十問にまとめました。

③学期末、または次学期の始めに復習としてご利用ください。

④練習用として利用するときは答えをつけたまま印刷し、テストとして利用するときは答えの欄を切って印刷して下さい。答え合わせは、自分でも、友だちと交換しても行うことができます。

	四月～七月①	四月～七月②	八月～十二月①	八月～十二月②	一月～三月	合計
一年			56		24	80
二年	36	35	36	35	18	160
三年	48	47	38	38	29	200
四年	50	49	65		38	202
五年	44	44	39	39	27	193
六年	43	44	38	39	27	191
総計						1026

漢字総まとめくん

①小学校で学習する一〇二六字全部を学年別に一〇〇問（一年は五〇問）×二ページにまとめました。

②新出漢字が二〇〇字（一年生は一〇〇字）に達しない学年は、読みかえ漢字を入れて、二〇〇問にしました。読みかえ漢字は同じページに入らないように(1)(2)に分けてあります。

③学級や取り組む子どもの実態に応じて、(1)・(2)を別々に一〇〇問ずつ学習させたり、(1)・(2)同時に二〇〇問学習させたりできます。

④テストとして利用するときは、答えの欄を切って印刷して下さい。答え合わせは、自分でも、友だちと交換しても行うことができます。

Lesson 1

― イラスト・物語漢字 ―

1年

イラストかんじ

がっこう編《へん》

★えをみて、□の中にかんじをかこう。
★できたら、えにいろをぬってね。

5てん×20

なまえ（　　　）

てん

①②（がっこう）

⑥⑦（せんせい）の⑧（みみ）

⑨（ひだり）⑩（あし）

⑪（ただ）しい⑫（じ）と⑬（ぶん）

⑭（おんな）

③（やす）みじかん　げん④（き）な

⑤（こ）どもたち

⑮（な）ふだ

⑯（おお）きな⑰（くち）

⑱（おとこ）

⑲（みぎ）⑳（て）

よぞら編《へん》

5てん×20

てん

なまえ（　　　　）

★えをみて、□の中にかんじをかこう。
★できたら、えにいろをぬってね。

① □《てん》

② □《つき》

③ □《いぬ》の ④ □《め》

⑤ □《はな》⑥ □《び》の ⑦ □《おと》

⑧ □《うえ》を ⑨ □《み》る

⑩ □《ちい》さな ⑪ □《むし》

⑫ □《あか》い ⑬ □《きん》ぎょ

⑭ □《した》をみる

⑮ □《つち》の ⑯ □《なか》

⑰ □《たけ》

⑱ □《せん》⑲ □《えん》が ⑳ □《で》る

やま・かわ・まち・むら編《へん》

★えをみて、□の中にかんじをかこう。
★できたら、えにいろをぬってね。

なまえ（　　　　）

5てん×20

（　　　てん）

1年

イラストかんじ

かず・いろ・いっしゅうかん編《へん》

5てん×20

てん

★えをみて、□の中にかんじを○にひらがなをかこう。
★できたら、えにいろをぬってね。

なまえ（　　　　）

①□《いっ》こでも○くまん

②□《に》ほんでも○んま

③□《さん》とうでも○か

④□《よん》ひきでもゴジラ

⑤□《ご》人でも○くろっくび

⑥□《ろっ》こでも○つみかん

⑦□《しち》まいでも○って

⑧□《はっ》ぽんでも○ゆうり

⑨□《きゅう》こでもトマト

⑩□《じっ》こでも○ちじく

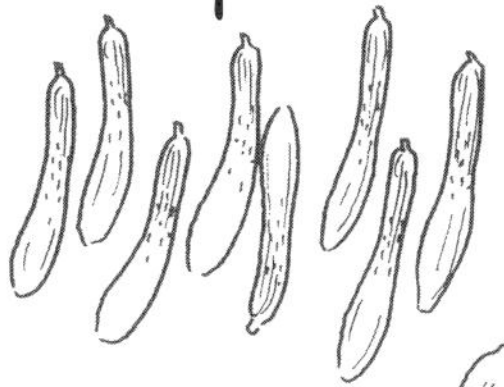

⑪□《あか》

⑫□《あお》

⑬□《しろ》

⑭□《にち》

⑮□《げつ》

⑯□《か》

⑰□《すい》

⑱□《もく》

⑲□《きん》

⑳□《ど》

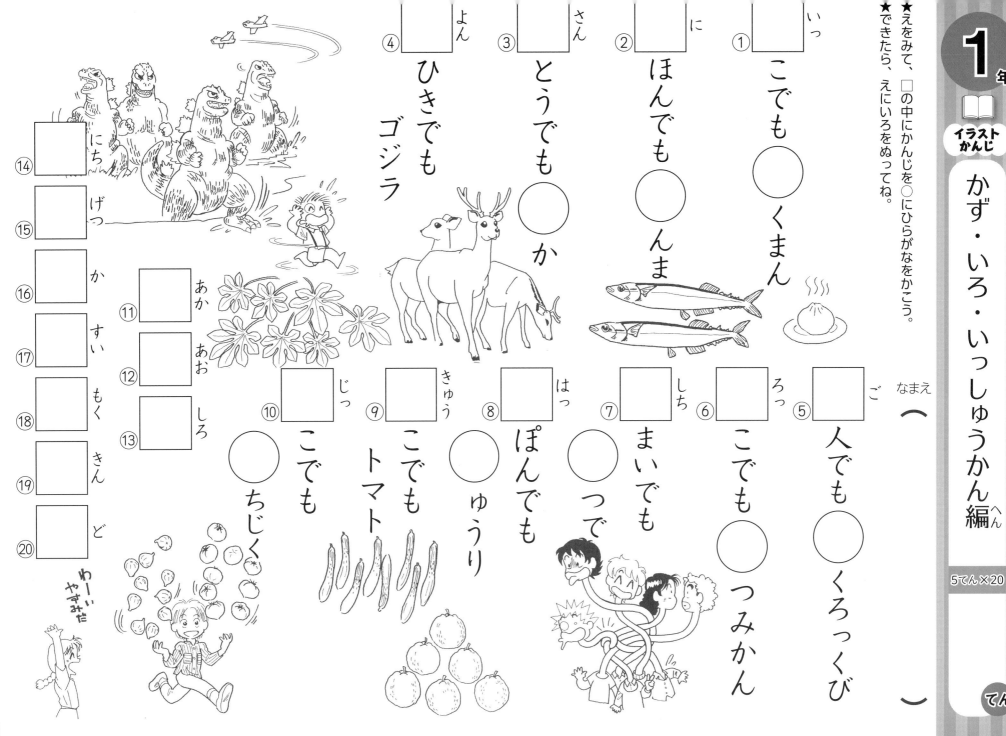

2年

イラストかんじ

かぞく編《へん》

名まえ（　　　　）

5てん×20　　　点

★えをみて、□の中にかんじをかこう。
★できたら、えにいろをぬってね。

①□《はは》

②□《けい》③□《さん》する

④□《にっ》⑤□《き》を⑥□《か》く

⑦□《あね》

⑧□《いもうと》

⑨□《かみ》に

⑩□《え》をかく

⑪□《いえ》の中

⑫□《おや》

⑬□《ひかり》

お⑭□《ちゃ》

⑮□《ちち》

⑯□《はなし》をする

はなしを⑰□《き》く

⑱□《あに》

⑲□《おとうと》

本を⑳□《よ》む

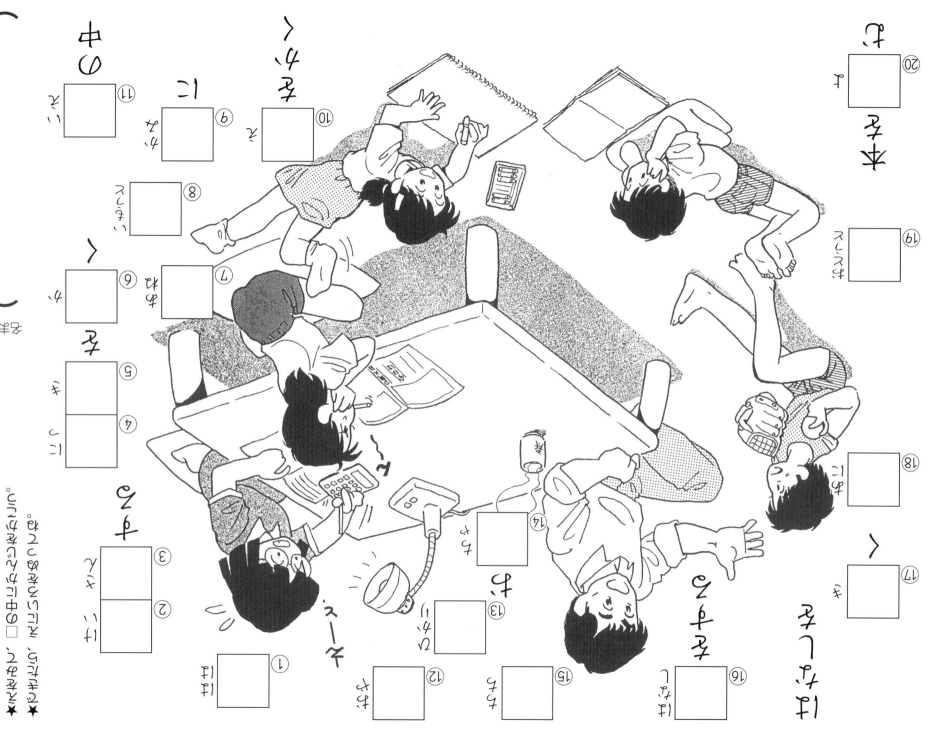

3年

イラスト漢字

氵（さんずい）・辶（しんにょう／しんにゅう）編《へん》

5点×20

点

名まえ（　　）

★絵を見て、□の中に漢字を書こう。

★できたら、絵に色をぬってね。

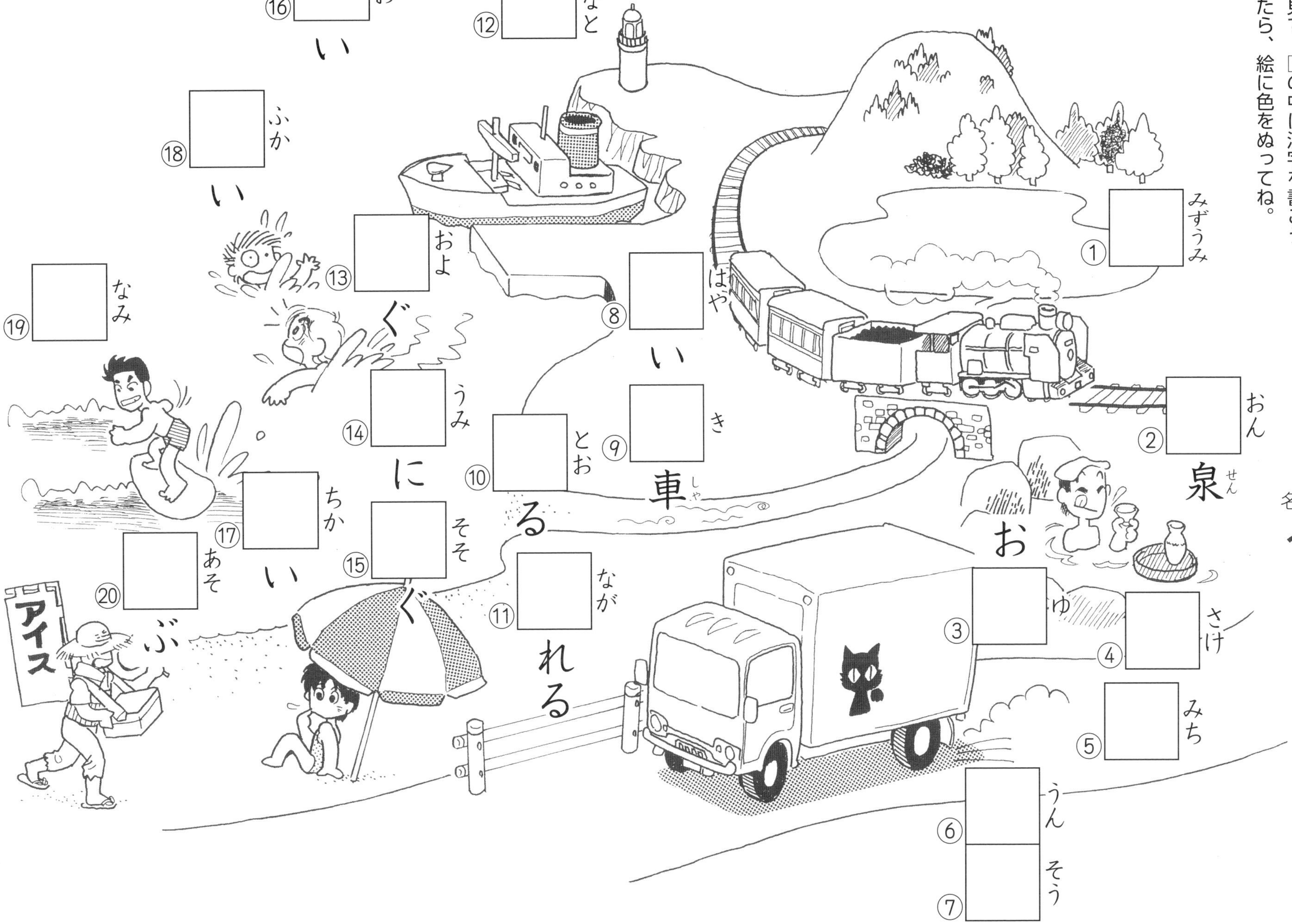

①□《みずうみ》

②□《おん》泉《せん》

③お□《ゆ》

④□《さけ》

⑤□《みち》

⑥□《うん》⑦□《そう》

⑧□《はや》い⑨□《き》車《しゃ》

⑩□《とお》る

⑪□《なが》れる

⑫□《みなと》

⑬□《およ》ぐ

⑭□《うみ》に⑮□《そそ》ぐ

⑯□《とお》い

⑰□《ちか》い

⑱□《ふか》い

⑲□《なみ》

⑳□《あそ》ぶ

4年

イラスト漢字

宀（うかんむり）・亻（にんべん）編《へん》

5点×20

点

★絵を見て、□の中に漢字を書こう。

★できたら、絵に色をぬってね。

名まえ（　　　　）

⑦□《なか》良《よ》しと

⑧□《りょ》行《こう》する

てい車《しゃ》

⑨□《い》置《ち》

左⑩□《がわ》

⑭□《はたら》く人

①□《いえ》に②□《す》む

るすを⑤□《まも》る

⑥□《し》事《ごと》

⑪□《やど》

⑫□《あん》内《ない》

⑬□《がかり》

③□《さつ》④□《かん》

⑮□《しつ》

和《わ》

けい⑯□《しん》

用《よう》

金《かね》を⑰□《か》りる

⑱□《た》人《にん》

⑲□《きゃく》

二《に》⑳□《ばい》にする

5年

イラスト漢字

艹（くさかんむり）・木（きへん）編《へん》

★絵を見て、□の中に漢字を書こう。
★できたら、絵に色をぬってね。

5点×20

名まえ（　　　　）

点

扌（てへん）・言（ごんべん）編《へん》

名まえ（　　　　）

5点×20　　点

★絵を見て、□の中に漢字を書こう。
★できたら、絵に色をぬってね。

① □《し》験《けん》の② □《せつ》明《めい》をする

③ さじを□《な》げる

④ 骨《ほね》を□《お》る

⑤ 答えを□《さが》す

⑥ 居《い》眠《ねむ》りが□《ゆる》される

⑦ 雑《ざつ》□《だん》する

⑫ □《さい》点

⑬ □《てい》出《しゅつ》する

⑧ □《たん》任《にん》

⑨ □《じゅ》業《ぎょう》

⑩ 雑《ざつ》□《し》を⑪ □《よ》む

⑰ 弁《べん》□《ご》

⑱ □《ぎ》長《ちょう》

⑭⑮ □《とう》□《ろん》会《かい》

⑯ □《こと》葉《ば》につまる

⑲ □《あやま》りを⑳ □《し》摘《てき》する

6年

イラスト漢字

人体編

★絵を見て、□の中に漢字を書こう。
★できたら、絵に色をぬってね。
★絵だけで分からなかったら下の問題をみよう。

名まえ（　　　　）

①②きんにく
③④しんぞう
⑤い
⑥ちょう
⑦のう

⑧はな
⑨は
⑩した
⑪⑫せぼね
⑬はい
⑭ひたい
⑮くび
⑯むね
⑰はら

⑱あし
⑲あたま
⑳け
㉑め
㉒みみ
㉓くち
㉔ゆび
㉕て

4点×25

点

6年 イラスト漢字

天体編

★絵を見て、□の中に漢字を書こう。
★できたら、絵に色をぬってね。

名まえ（　　　）

5点×20

点

※一つの言葉ができて完答

① すい せい □□
② きん せい □□
③ ち きゅう □□
④ か せい □□
⑤ もく せい □□
⑥ ど せい □□
⑦ てん のう せい □□□
⑧ かい おう せい □□□
⑨ めい □□（おう せい）
⑩ つき □

⑪ たい よう □□
⑫ せい うん □□
⑬ □の□（あま　がわ）
⑭ せい ざ □□
⑮ ぎん が □□
⑯ ひ こう し □□□
⑰ う ちゅう せん □□□
⑱ む じゅう りょく □□□
⑲ いん りょく □□
⑳ くう き □□

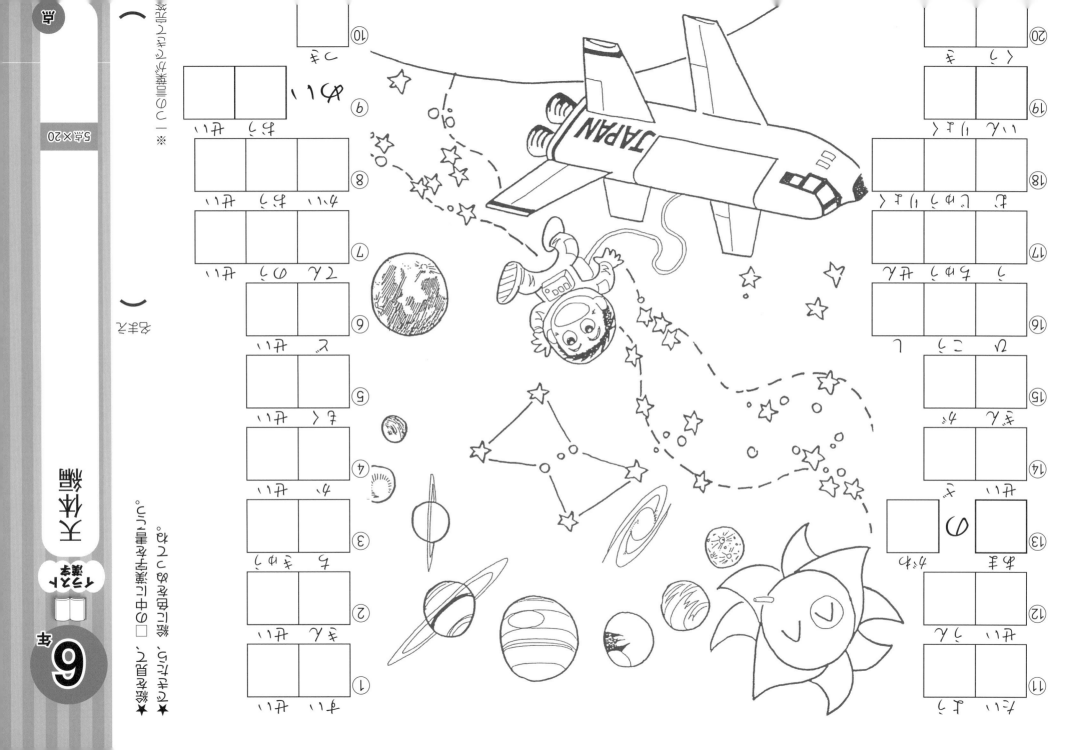

6年

イラスト漢字

歴史編

名まえ（　　　　）

4点×25

点

絵を見て、□の中に漢字を書こう。
★できたら、絵に色をぬってね。

①② かせき

③④⑤ げんしじん

⑥ たまご

⑦ かい づか

⑧ ほね

⑨⑩ そせん

⑪ むかし

たて ⑫⑬ あなしき

⑭⑮ ぶし

⑯ ゆみ

⑰ や

⑱⑲ りょうち

⑳㉑ せんごく

㉒㉓ しょうぐん

㉔ かたな

㉕ へい

ブレーメンのおんがくたい ①

5てん×20

なまえ（　　）

てん

1 □の中《なか》にかんじをかきましょう。

□《とし》をとって、はたらけなくなったろばが、□《はやし》の□《なか》を
とぼとぼと、あるいていました。

とちゅうで、□《いぬ》と、ねこと、にわとりに□《で》あいました。

みんな、としをとっていました。
□《よん》ひきは、ブレーメンの□《まち》へいって、□《おん》がくたいを
やろうとはなしあいました。

ところが、□《もり》のなかで、□《ひ》がくれてしまいました。

「どこかに□《やす》むところはないかな。」

にわとりが、□《き》にのぼって、とおくを□《み》ると、
あかりがみえました。

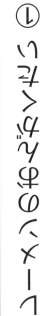

ブレーメンのおんがくたい ②

なまえ

そのいえにつき、まどからのぞいてみますと、□《おとこ》の□《ひと》が、
おさけをのんでいます。はなしをきいていると、どうやら、
どろぼうのようです。
みんなは、そうだんして、いいことをおもいつきました。
ろばのせなかに、いぬがのり、いぬの□《うえ》にねこがのり、
そのまたうえに、とりがのりました。
「□《いち》、□《に》の、□《さん》。」
「コケコッコー。ニャーゴ。ワンワン。
ヒヒーン。」
いっせいになきました。
おどろいたどろぼうたちは、
「おばけだあ。」
といって、うら□《ぐち》から、にげて
しまいました。
よんひきは、なかよく、たのしく、
このいえでくらしました。

参考※グリム童話

1年
ものがたりかんじ

あかずきんちゃん ①

なまえ（　　　　）

5てん×20　てん

1 □の中《なか》にかんじをかきましょう。

あるところに、□《あか》いぼうしがだいすきな、あかずきんちゃん
という□《おんな》の□《こ》がいました。
ある□《ひ》、おかあさんが、
「あかずきんや、おばあさんのおみまいに
いってきてちょうだい。みち□《くさ》しないでね。」といいました。
あかずきんちゃんは、□《もり》で、きれいな、□《しろ》い□《はな》を
たくさんつんでいきました。

そのころ、おおかみは、おばあさんをのみこみ、
おばあさんにばけて、ベッドに□《はい》りこんでねていました。
□《かわ》をわたり、あかずきんちゃんは、
おばあさんのうちにつきました。

おばあさんのようすがへんです。

「あら、おばあさんの□《みみ》、□《おお》きいわ。」

1年
ものがたりかんじ

あかずきんちゃん②

なまえ

「おまえのこえが、よくきこえるようにさ。」

「□《め》も、おおきい。」

「よく□《み》えるようにさ。」

「□《て》も、おおきいわ。」

「よくつかめるようにさ。」

「□《くち》だって、おおきいわ。」

「それは、おまえをたべるためさ。」

と、おおかみは、あかずきんちゃんをのみこんでしまいました。

　そこに、ちかくの□《むら》のりょうしがとおりかかりました。へんな□《おと》がするので、のぞいてみると、おおかみが、おなかをふくらませてねています。おなかをきってみると、□《なか》から、あかずきんちゃんとおばあさんが□《で》てきました。

参考※グリム童話

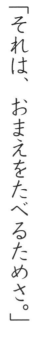

ライオンとねずみ ①

なまえ（　　　　）

1 □の中《なか》にかんじをかきましょう。

アフリカの草□《はら》で、ライオンが□《ひる》ねをしていました。

そこに、ねずみがやって□《き》て、ライオンの□《あたま》にかけのぼりました。

「だれだ、わしの□《からだ》であそぶやつは。」

とおこって、ライオンは、ねずみをつかまえて、□《た》べようとしました。

ねずみがないてたのむので、ライオンは、ねずみをはなしてやりました。

ある日、ライオンは、りょうしにつかまって、□《ふと》い木にしばられていました。

ちょうどその□《とき》、ねずみが□《とお》りかかりました。

2年

ものがたりかんじ

ライオンとねずみ ②

なまえ

ライオンの□《こえ》を□《き》いたねずみは、
まえにたすけてもらったことを□《おも》い出しました。
ねずみは、□《つよ》いはで、なわを□《き》ってやりました。
ライオンは、小さくて□《よわ》いとおもっていたねずみに
たすけてもらい、□《こころ》からおれいを□《い》いました。
それから、二ひきは、すっかり□《とも》だちになりました。
ねずみは、ライオンの□《なが》い□《ちゃ》□《いろ》の□《け》の上を
□《ある》いたり、□《はし》ったりして、□《たの》しくあそびました。

参考※イソップ童話

きたかぜとたいよう①

4てん×25

名まえ（　　　）　　てん

1 □の中《なか》にかんじをかきましょう。

□《むかし》、あばれものの□□《きたかぜ》が、お日□《さま》に言いました。

「わしの力はたいしたもんだぞ。木のえだをおることもできる。あんたに、そんなちからがあるかな。」

お日さまは、にこにこきたかぜの言うことを□《き》いていました。

ちょうど、そこに、ひとりの□《たび》人が通りかかりました。お日さまは、

「そんな力があるなら、あのたび人の上□《ぎ》をぬがすことができますか。」

と、きたかぜに言いました。きたかぜは、

「そんなこと、わけないさ。」

と、力いっぱいふき□《はじ》めました。

しかし、ふけばふくほど、たび人は、

「さむい、□《さむ》い。」

と、ひっ□《し》で、□《ふく》をおさえました。

3年

物語漢字

きたかぜとたいよう②

名まえ

そして、□《も》っていた□《おも》い□《に》□《もつ》をおいて、□《うご》かなくなってしまいました。

「こんどは、わたしの□《ばん》ですよ。」

お日さまは、にこにこ、あたたかな光を□《な》げかけました。

たび人は、□《はな》のあたまに、あせをかいて

「ああ、□《きゅう》に□《あつ》くなってきた。」

と言って、上ぎをぬぎ、水とうの水を□《の》み、また、元気に□《すす》んで行きました。

□《ま》けたきたかぜは、小さくなって、どこかに行ってしまいました。

□《か》ったお日さまは、やさしくわらいました。

参考※イソップ童話

コロンブス

名まえ（　　　　）　　点　2点×50

1　□の中に漢字を書きましょう。

一四五一年、コロンブスは、イタリアのゼアノに生まれました。

十四才になったコロンブスは、ラテン語や地理を学び、はじめての航《こう》□《かい》に出かけました。

二十五才で、□□《どりょく》の□□《けっか》、船長となりましたが、ベニスの船と□《たたか》い、船が□《や》かれました。浜《はま》□《べ》に□《およ》ぎつき、□□《ぎょそん》でしばらく地図をかいてくらしていました。

二十八才になり□□□《たいせいよう》を進んでアジアへ行く近道の□□《けんきゅう》をしました。

一四九二年、四十二才の八月コロンブスは、スペインのイザベラ女王に□□《ねっしん》に□《ねが》いでて費□《よう》の助けを受けました。たくさんの□□《しょくりょう》をのせて、サンタマリア号を先頭に、三せきの船《せん》□《たい》は、バロスの□《みなと》を出ていきました。

「あの船は魔《ま》の海にのみこまれて二度と帰れないだろう。□□□《すいふたち》もかわいそうだな。」

と見送る人たちは口々に言いました。□□《ぶじ》に帰ると□《しん》じた人はほとんどいませんでした。

だれも□《の》り入れたことのない海に、□□《きぼう》と□□《ゆうき》をもってコロンブスは進み出しました。

おだやかな□□《てんこう》が□《つづ》き、なかなか□《りく》が見つからないまま九月は過《す》ぎ、十月に入ってしまいました。すいふたちの□□《ふまん》の声を□《せっ》得《とく》し、□□《きょうりょく》してほしいとたのみました。

「鳥が□《と》んでいるぞ！　りくが近いにちがいない。」

マストに登って西を見ているすいふが喜《よろこ》びの声をあげました。

一四九二年十月十二日午前二時、コロンブスはとうとうりくにであいました。コロンブスのめざした『黄金の国ジパング』ではありませんでしたがたいせいようをのりきったのです。

コロンブスは、りくちにスペインの□《はた》をかかげ、たんけんの□□《せいこう》を□《しず》かにかみしめました。

その後もコロンブスは何度もたんけんを□《こころ》み、一五〇六年五月、五十五才でなくなりました。

5年

物語漢字

つるの恩□《がえ》し

名まえ（　　　　）

2点×50

点

1 □の中に漢字を書きましょう。

□《むかし》、あるところに、おじいさんとおばあさんが□《す》んでいました。ある日、おじいさんは□《むれ》からはなれて□《えだ》の上で□《くる》しんでいるつるを助けました。

その夜、□《うつく》しいむすめが道に□《まよ》ったとたずねてきました。おじいさんとおばあさんは、家に□《まね》きいれ、□《まず》しいながらも、ごちそうしてあげました。

□《つぎ》の日、むすめは、はた□《お》りの□□《へや》に入って、□《ぬの》をおりあげました。二人は、むすめに、

「私が□□《しごと》をしているところは、□□《ぜったい》に見ないで下さい。」

と□《けわ》しい顔で□《きん》じられました。

そのぬのは、たいへん高いねだんで□《う》れました。俵《たわら》の米を□《か》い、□□《しっそ》でしたが、三人は□《ゆめ》のような□《ゆた》かな□□《きも》ちでくらしました。少しの銭《ぜに》が□《のこ》るようになりました。しかし、一日が□《す》ぎるごとにむすめの体は□《よわ》っていきます。おじいさんは、□□《しんぱい》でたまらず、元気のない□□《げんいん》を□《しら》べようと戸の□《さかい》目からのぞいてみました。

「あ、あっ！」

なんとはたをおっていたのはつるだったのです。つるは自分の体から□《はね》をぬき、ぬのにおりこんでいます。おじいさんに本当のすがたをみられたむすめは、

「私はあのとき助けていただいたつるです。人間のすがたになることを□《ゆる》され、私の□□《ぎじゅつ》でぬのをおり、お□《れい》をしようと思ったのです。」

と言うと戸口から出ていきました。おじいさんが□□□《なんどあやま》っても、承《しょう》□《ち》してくれませんでした。外に出たむすめは、□《ふたた》びつるのすがたに□《か》わり、ゆっくりと□《と》びたっていきました。

参考※日本昔ばなし

6年

物語漢字

しょじょ寺のたぬきばやし

名まえ（　　　　）

2点×50

点

1 □の中に漢字を書きましょう。

山に□《かこ》まれたしょじょ寺という小さな寺がありました。山には、たぬきがいっぱい居て□《よる》になると寺に来て□《はら》づつみを□《う》ち、いたずらばかりしていました。

どのおしょうさんもたぬきのいたずらで□□《よくじつ》には、寺からにげだしてしまいます。

ある日、たいへん□《み》なりのきたないおしょうさんが寺を□《おとず》れました。おしょうさんは、石□《だん》をのぼりながらしょじょ寺がすっかり□《す》きになりました。そこでたぬきたちはおしょうさんを□《お》い出す□□《そうだん》をしました。

まず、□《おさな》いぽん太が一つ目こぞうになり、□《あらわ》れましたが、

「これはかわいい。だんごでも□《く》え！」

と、□《せ》中を『ぽん』とたたかれ、のこのこ□《うら》口から帰ってきました。

今度はぽん子が美しい□《すがた》のむすめに□《ば》け、首をにょろにょろのばしました。おしょうは、

「おう、みごと、みごと。」

とぽん子に□《さけ》を□《の》ませる□□《しまつ》。□□《こうふん》したたぬきの□□《おやぶん》はますますおこって、ま□□《よなか》にはらづつみをうちました。ところが、

「こりゃぁ、□□《おもしろ》い。□《わたし》も□□《なかま》に□《い》れろ！」

と言っていっしょになってやりはじめました。

さて、□□《こんや》は□□《まんげつ》です。おしょうさんもたぬきもお寺の□《にわ》に□《はや》くから□《せい》ぞろいして□《たの》しくはらつづみです。まっ□《か》になって□《いた》いおなかに□《くすり》をぬりながら、□《なら》んで、

「しょ、しょ、しょじょ寺、しょじょ寺のにわは、ぽんぽこぽんの、すっぽんぽん。」

となり□《つづ》けます。

たぬきとおしょうさんはなかよく□《く》らしました。

参考※日本昔ばなし

Lesson 2

— 熟語クロス・四字熟語・クロスワードパズル —

2年

まとめくん

かん字二字じゅく語《ご》クロス

名まえ（　　　　　　）

点

★やじるしのむきに読《よ》んで、かん字二字のじゅく語を作ろう。
★＊のついているじゅく語《ご》には、ヒントがあるよ。

（れい）

入→■　大→■　■→校　■→生

入→学（入学）
大→学（大学）
学→校（学校）
学→生（学生）

■こたえは 学

① 手→■　見→■　■→当＊　■→名
＊うそじゃないよ！

② 作＊→■　本→■　■→学　■→字

③ 遠→■　＊夕→■　■→言　■→角
＊さよなら、またあした。

④ 金→■　人→■　木＊→■　小→■
＊おぼうさん、ポクポク。

⑤ 歌→■　先↔■　■→紙＊　■→足
＊じゅうしょをはっきり。

⑥ 教→■　＊理→■　■→目　■→学

⑦ 花↔■　出→■　■→山＊　■→星
＊ばくはつします！

⑧ 半＊→■　自→■　気→■　親→■
＊二人でおなじずつ。

⑨ 学＊→■　来→■　■→長　■→月
＊小学校に６つあります。

⑩ 牛→■　竹→■　■→肉　■→車＊

⑪ 点→■　＊直→■　電→■　光→■
＊まっすぐじょうぎで。

⑫ 元→■　＊空→■　本→■　天→■
＊大きくいきをしよう。

⑬ 金→■　火→■　■→雲　■→空＊
＊夜、うつくしい。

⑭ 夜＊→■　年→■　■→心　■→止

⑮ 合→■　＊時→■　家→■　■→算
＊一年中動いている。

⑯ 学→■　＊先→■　野→■　■→活
＊クラスにひとりはいる。

⑰ ■→形　＊地→■　■→書　■→工
＊日本も、せかいもある。

⑱ 朝→■　外→■　■→肉　■→後＊

⑲ 白＊→■　小→■　野→■　■→肉
＊冬、日本にやってくる。

⑳ 晴→■　■→国　■→気　■→才＊
＊これができたら、きみは？

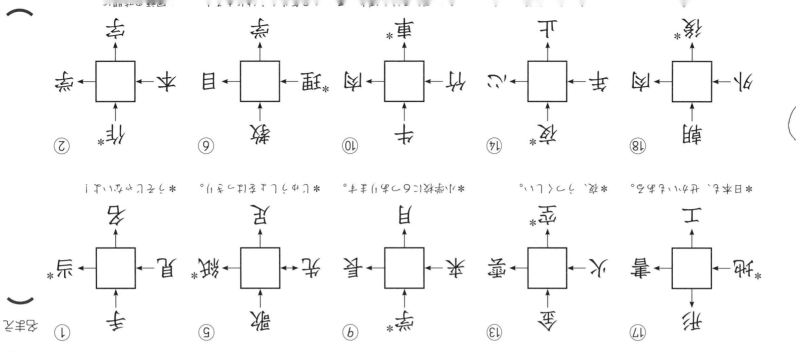

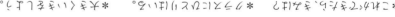

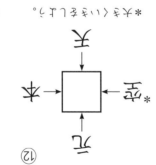

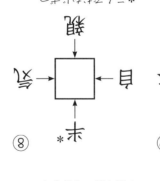

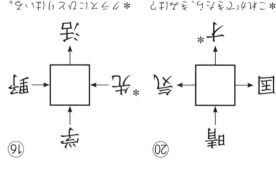

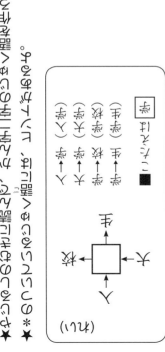

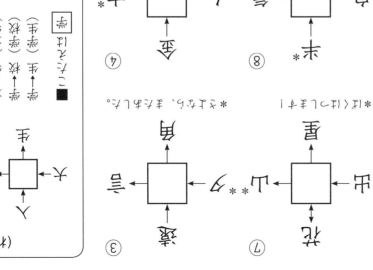

3年

まとめくん

漢《かん》字二字じゅく語クロス

名まえ（　　　　　　）　　　　点

★やじるしの向《む》きに読んで、漢《かん》字二字のじゅく語を作ろう。
★＊のついているじゅく語には、ヒントがあるよ。

（れい）
小→□、岩→□、□→油、□→炭

小→石（小石）
岩→石（岩石）
石→油（石油）
石→炭（石炭）

こたえは 石

①
時→□、定→□、□→待*、□→間
＊ワクワクしちゃう。

②
発*→□、年→□、□→面、□→紙
＊みんなの前で話す。

③
作→□、*具←□、□→族、□→庭
＊タンス、テーブルなど。

④
植*→□、品↔□、□←荷、□→語
＊花や草や木など。

⑤
体*→□、病←□、□→荷、□→箱
＊食べすぎるとふえる。

⑥
開→□、追→□、□→火、□→送*
＊テレビもラジオも。

⑦
水←□、文←□、□→油、□→意*
＊あまりうけないように。

⑧
下→□、合→□、□→屋、□→題*
＊少ないほうがいいね。

⑨
自*→□、練→□、□←学、□→字
＊先生がいないと…。

⑩
深*→□、岸←□、□→洋、□→鳥
＊まっくらなんだって。

⑪
火→□、仕→□、□←返*、食→□
＊元気よく答えよう。

⑫
役→□、*台→□、□←住、近→□
＊いいにおいがしてきた。

⑬
動←□、*銀→□、□→事、□→進
＊ちょ金はここで。

⑭
人*←□、業←□、□→店*、□→売*
＊いらっしゃいませ。

⑮
昭→□、*平→□、□→服、□→式
＊せんそうはいやだね。

⑯
野*→□、地→□、□→根、送→□
＊バット、グローブ。

⑰
予→□、安→□、□→員*、決→□
＊オーバーしないように。

⑱
反→□、*予→□、□→心、□→想
＊何となくそんな気が。

⑲
様→□、調→□、□→羊、親*→□
＊よくにているね。

⑳
箱*←□、火→□、□→品*、□→局*
＊病気だ、こまった。

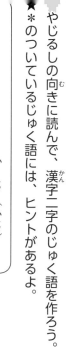

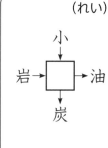

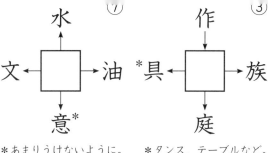

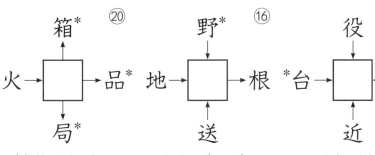

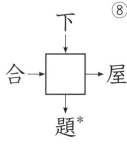

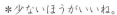

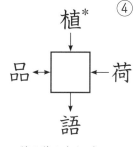

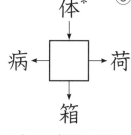

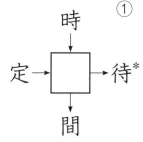

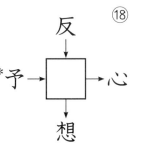

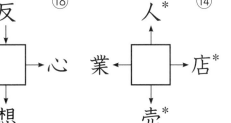

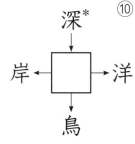

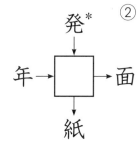

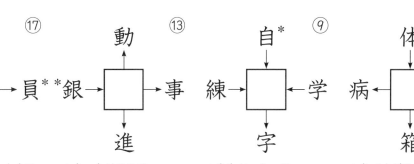

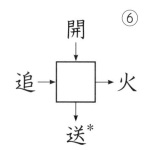

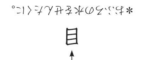

漢字二字じゅく語クロス

まとめくん　4年

名まえ（　　　）

★やじるしの向きに読んで、漢字二字のじゅく語を作ろう。
★＊のついているじゅく語には、ヒントがあるよ。

（れい）
□→席、陸←□、□→地、□→物

着→席（着席）
着→陸（着陸）
着→地（着地）
着→物（着物）

■こたえは 着

① 街*→□、*電→□、□→油、□→台
＊暗くなってきたね。

② 特→□、*差→□、□→人、区→□

③ □→信、各→□、□→由、□→然*
＊みどりがいっぱい。

④ 改*→□、不→□、□→好、□→心
＊もっとよくしよう。

⑤ 必→□、□→約、□→点*、□→求
＊文章の大事なところ。

⑥ 課*→□、借→□、黄→□、□→貨

⑦ 目→□、*矢→□、□→刷、実→□
＊このページの中にある。

⑧ 季→□、関→□、□→水*、□→目
＊おふろの水をせんたくに。

⑨ 不→□、照→□、□→治、説*→□
＊わかりやすいほうがいいね。

⑩ 達→□、*完→□、□→果、□→功

⑪ 努→□、*協→□、兵→□、体→□
＊みんなでがんばろう。

⑫ 記→□、付→□、□→画*、□→音*
＊スマホやタブレットでもできる。

⑬ 牧*→□、漁→□、戦→□、□→外
＊牛や馬ものんびりと。

⑭ 祝*→□、昨→□、□↔本、初→□

⑮ 不→□、□→員、□→月*、□→足
＊まんまるで明るい。

⑯ 信*→□、利→□、愛→□、使→□
＊なくしたくないですね。

⑰ 管→□、*料→□、無→□、□→想
＊にる、焼く、あげる。

⑱ 種→□、分→□、□→別、親*→□

⑲ 栄→□、静→□、□→分、休*→□
＊つかれた時たっぷりと。

⑳ □→考、□→戦、□→加、□→観*
＊じゅ業を見せてね。

点

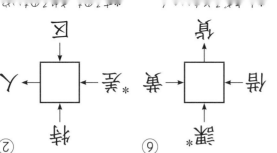

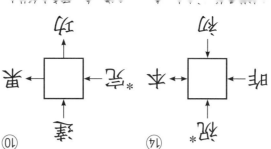

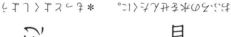

5年 まとめくん

漢字二字じゅく語クロス

名まえ（　　　　）

点

やじるしの向きに読んで、漢字二字のじゅく語を作ろう。
＊のついているじゅく語には、ヒントがあるよ。

（例）

□→感　□→晴　□→適　□→速

快↓感（快感）
快↓晴（快晴）
快↓適（快適）
快↓速（快速）

■こたえは 快

①
反→□　往→□　□→活　□→習*
＊もう一度勉強しよう。

②
保→□　*養→□　弁→□　□→送
＊保健室の――の先生。

③
演*→□　解→□　□→明　□→得
＊選挙のとき、これをする。

④
判→□　*切→□　横→□　独→□
＊まっぷたつ！

⑤
□→礼*　損→□　□→敗　□→格
＊ごあいさつ、できないの？

⑥
□→務*　無→□　□→件　□→故
＊学校にも、この部屋が。

⑦
評→□　物→□　□→格*　定→□
＊消費税は別？

⑧
態*→□　程→□　限→□　制→□
＊ふざけるのはよくない。

⑨
□→交*　断→□　□→対　□→望
＊友達と大げんか。

⑩
準*→□　予→□　□→品　常→□
＊前もって用意しよう。

⑪
確→□　比→□　引→□　能*→□
＊てきぱきとこなす。

⑫
表*→□　事→□　愛→□　□→報
＊笑ったり、泣いたり。

⑬
酸*→□　□→格　□→質　□→能
＊リトマス紙で調べる。

⑭
現→□　想→□　仏*→□　銅→□
＊お寺にあるもの。

⑮
税→□　現→□　□→額　□→属*
＊鉄や銅はこの仲間。

⑯
予*→□　消→□　□→災　□→衛
＊病気にならないように。

⑰
責*→□　辞→□　□→務　□→命
＊えらい人ほど重い。

⑱
規→□　*反→□　原→□　法→□
＊ルールを守ろうよ。

⑲
状*→□　実→□　容→□　□→勢
＊物事のありさま。ようす。

⑳
日→□　非→□　正→□　□→識*
＊だれでも知っている。

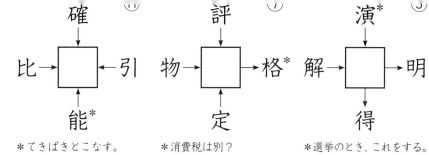

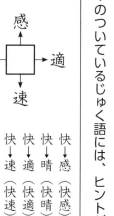

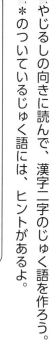

漢字二字熟語クロス

名まえ（　　　　　　）

点

★やじるしの向きに読んで、漢字二字の熟《じゅく》語を作ろう。
★＊のついている熟《じゅく》語には、ヒントがあるよ。

（例）
分↓
負→□→当
↓任

分→担（分担）
負→担（負担）
担→当（担当）
担→任（担任）

■答えは 担

① 候↓ ／ 助←□→欠＊ ／ ↓足
＊試合に出られない？

② 憲＊↓ ／ 寸→□←除 ／ ↓律

③ 苦↓ ／ ＊頭→□→快 ／ ↑腹
＊ズキン、ズキンとつらい。

④ 階＊↓ ／ 値→□←手 ／ ↓落
＊一歩ずつ、ゆっくりと。

⑤ 黒＊↓ ／ 干→□→流 ／ ↑親
＊別名、日本海流。

⑥ 力↑ ／ 器←□→石＊ ／ ↓針

⑦ 討＊↓ ／ 議↔□↔理 ／ ↑異
＊意見をたたかわせる。

⑧ 子↓ ／ 財→□→石＊ ／ ↓物
＊ダイヤモンドは王様。

⑨ 規↓ ／ 造←□→様＊ ／ ↓型
＊図形や色の組み合わせ。

⑩ 人↓ ／ 背→□→折＊ ／ ↓格

⑪ 困↓ ／ 非→□←災 ／ ↓問＊
＊考えてもわからない。

⑫ 礼↑ ／ 尊→□→老 ／ ↓語＊
＊知っていても使えない。

⑬ 厳↓ ／ 秘→□→着＊ ／ ↓林
＊ぴったりくっつくこと。

⑭ 講↓ ／ 出↔□→劇＊ ／ ↓奏

⑮ 潮↓ ／ ＊臨→□→刻 ／ ↓報
＊〇〇休業。〇〇国会。

⑯ 臓↑ ／ 城→□→閣＊ ／ ↓密
＊三権のひとつ。

⑰ 資↓ ／ 水→□→氏＊ ／ ↓流
＊平家をやぶった！

⑱ 伝＊↑ ／ 族←□→書 ／ ↓産

⑲ 生↓ ／ ＊保→□→在 ／ ↓分
＊大事にとっておこう。

⑳ 天＊↓ ／ 族←□→后 ／ ↓室
＊誕生日は休日です。

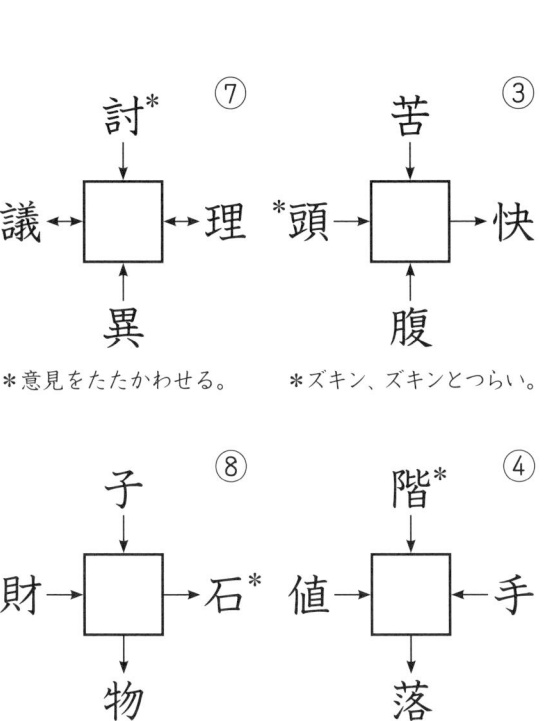

4年

都道府《ふ》県の漢字

★4年で学習する都道府《ふ》県名の練習

名まえ（　　　　）

1てん×37

てん

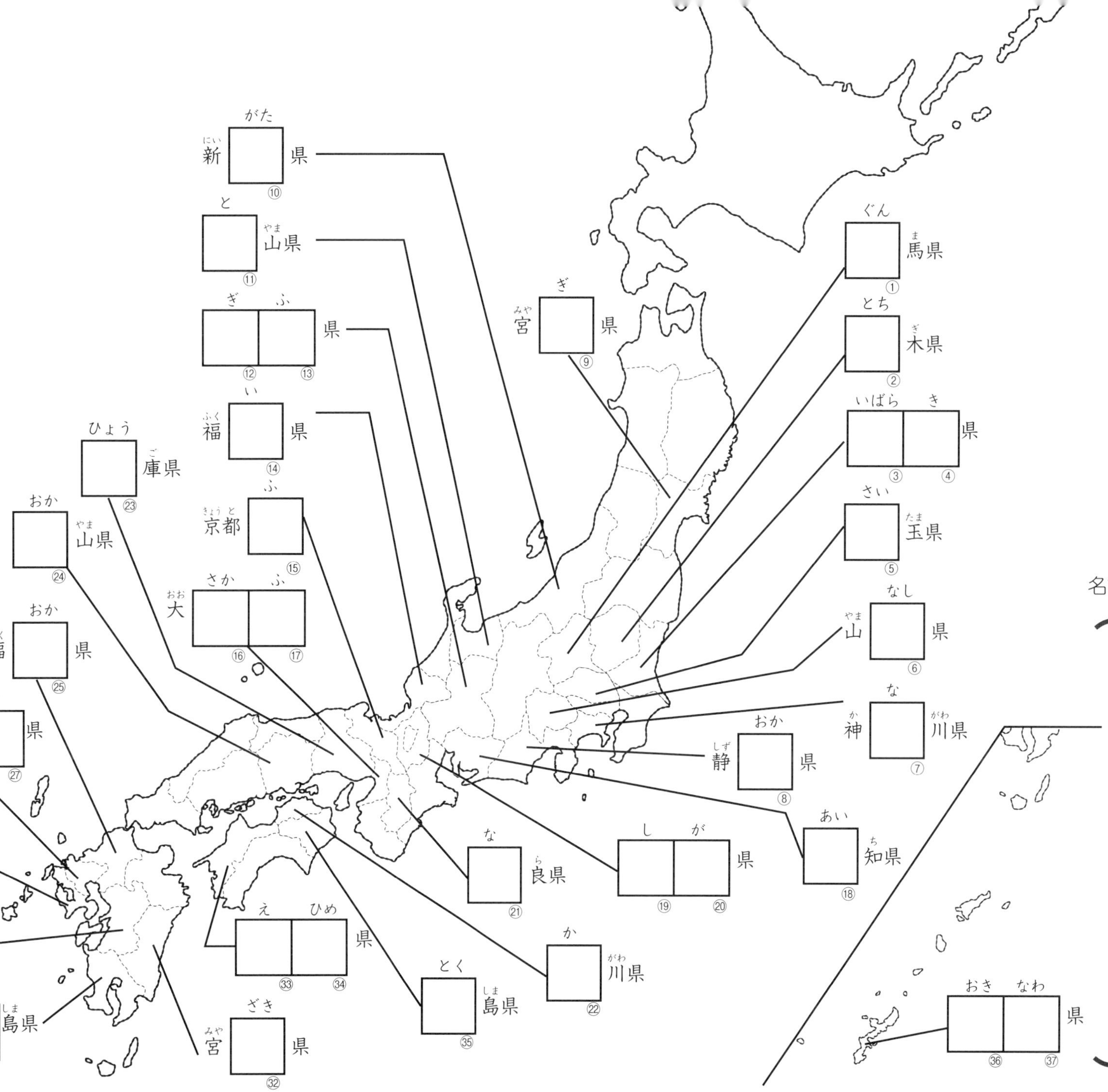

□《ぐん》①馬《ま》県

□《とち》②木《ぎ》県

□《いばら》③□《き》④県

□《さい》⑤玉《たま》県

山《やま》□《なし》⑥県

神《か》□《な》⑦川《がわ》県

静《しず》□《おか》⑧県

宮《みや》□《ぎ》⑨県

新《にい》□《がた》⑩県

□《と》⑪山《やま》県

□《ぎ》⑫□《ふ》⑬県

福《ふく》□《い》⑭県

京都《きょうと》□《ふ》⑮

大《おお》□《さか》⑯□《ふ》⑰

□《あい》⑱知《ち》県

□《し》⑲□《が》⑳県

□《な》㉑良《ら》県

□《か》㉒川《がわ》県

□《ひょう》㉓庫《ご》県

□《おか》㉔山《やま》県

福《ふく》□《おか》㉕県

□《さ》㉖□《が》㉗県

長《なが》□《さき》㉘県

□《くま》㉙本《もと》県

□《か》㉚□《ご》㉛島《しま》県

宮《みや》□《ざき》㉜県

□《え》㉝□《ひめ》㉞県

□《とく》㉟島《しま》県

□《おき》㊱□《なわ》㊲県

（答）

① 群
② 栃
③ 茨
④ 城
⑤ 埼
⑥ 梨
⑦ 奈
⑧ 岡
⑨ 城
⑩ 潟
⑪ 富
⑫ 岐
⑬ 阜
⑭ 井
⑮ 府
⑯ 阪
⑰ 府
⑱ 愛
⑲ 滋
⑳ 賀
㉑ 奈
㉒ 香
㉓ 兵
㉔ 岡
㉕ 岡
㉖ 佐
㉗ 賀
㉘ 崎
㉙ 熊
㉚ 鹿
㉛ 児
㉜ 崎
㉝ 愛
㉞ 媛
㉟ 徳
㊱ 沖
㊲ 縄

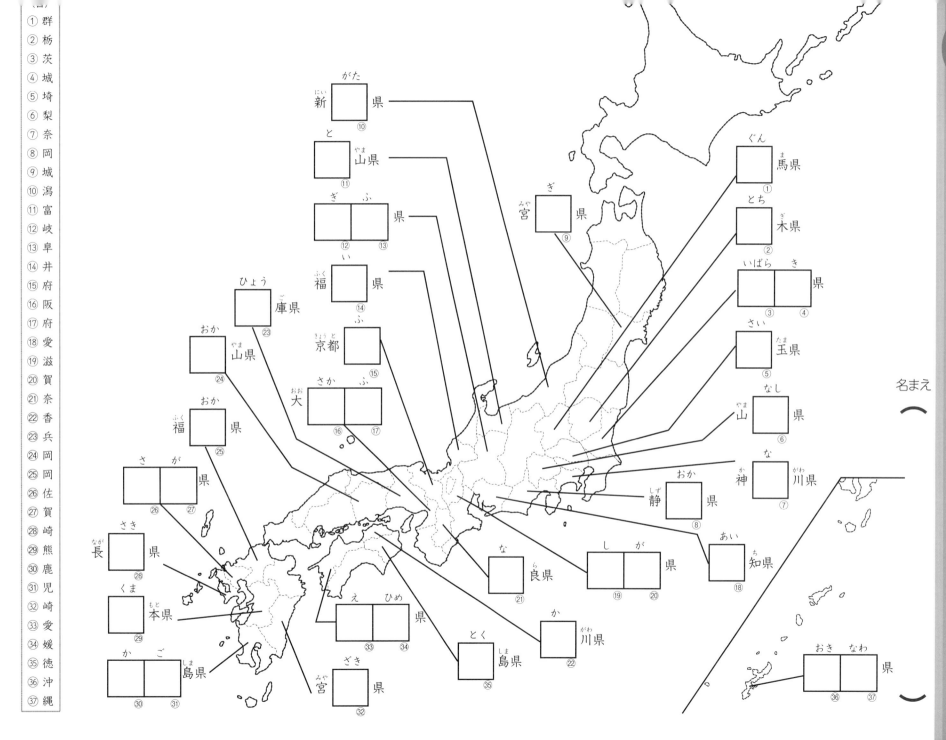

6年

まとめくん

中学入試によく出る四字熟語(1)

点

★□に漢数字を入れて、四字熟語《じゅくご》をかんせいさせましょう。

名まえ（　　　　）

(1) □《いっ》石《せき》□《に》鳥《ちょう》
ヒント 一つの行動から、二つのよいことを手にすること。

(2) □《いっ》長《ちょう》□《いっ》短《たん》
ヒント よい点もあれば、わるい点もあること。

(3) □《せん》差《さ》□《ばん》別《べつ》
ヒント それぞれ様々にちがうこと。

(4) □《いっ》朝《ちょう》□《いっ》夕《せき》
ヒント 一日か二日の短い日時のこと。

(5) □《いち》日《じつ》□《せん》秋《しゅう》
ヒント 非常《ひじょう》に待ち遠しいこと。　※一日三秋もある。

(6) □《し》苦《く》□《はっ》苦《く》
ヒント 非常な苦しみ。

(7) □《しち》転《てん》□《ばっ》倒《とう》
ヒント のたうちまわって苦《くる》しむこと。

(8) □《に》束《そく》□《さん》文《もん》
ヒント 数が多くても値段《ねだん》が非常に安《やす》いこと。

(9) □《いっ》進《しん》□《いっ》退《たい》
ヒント 進《すす》んだり退《しりぞ》いたりすること。

(10) □《じゅう》年《ねん》□《いち》日《じつ》
ヒント 長い年月、変化《へんか》のないこと。

ひとことアドバイス
中学入試《にゅうし》の漢字テストは大人レベルのものがたくさんあります。子どもたちが見たこともない四字熟語も出てきます。家族《かぞく》で意味《いみ》を確認《かくにん》してみてください。

6年
まとめくん

中学入試によく出る四字熟語(2)

名まえ（　　）　点

★□に漢字を入れて、四字熟語を完成させましょう。

(1) □《じゃく》肉《にく》強《きょう》食《しょく》
ヒント 力の強い者が、弱い者を負かすこと。

(2) 古《こ》今《こん》東《とう》□《ざい》
ヒント 昔から今まで、世界中いたるところ。

(3) 無《む》我《が》□《む》中《ちゅう》
ヒント 心をうばわれ、我《われ》を忘《わす》れること。

(4) 絶《ぜっ》□《たい》絶《ぜつ》命《めい》
ヒント 危険な場面で逃《のが》れる方法がないこと。

(5) □《たん》刀《とう》直《ちょく》入《にゅう》
ヒント 遠慮《えんりょ》や前置きしないで、いきなり本題にはいること。

(6) □《い》心《しん》伝《でん》心《しん》
ヒント だまっていても、相手に気持ちが伝わること。

(7) 付《ふ》和《わ》雷《らい》□《どう》
ヒント 軽々しく他人の言うことに同意すること。

(8) 右《う》往《おう》□《さ》往《おう》
ヒント うろたえて、右や左に行き、混乱している様子。

(9) 臨《りん》□《き》応《おう》変《へん》
ヒント その場の変化に応じて、適切な手段をとること。

(10) 不《ふ》言《げん》□《じっ》行《こう》
ヒント あれこれ言わないで、だまって実際に行うこと。

ひとことアドバイス

中学入試では、□に漢字を入れ、四字熟語を完成させる問題が多く出ます。入社試験で、□肉□食を、「焼肉定食」と答える人が多くいるそうです。

6年 まとめくん

中学入試によく出る四字熟語(3)

名まえ（　　　　）　　　　点

★□に反対の意味を表す漢字を入れて、四字熟語を完成させましょう。

(1) 大《だい》□《どう》小《しょう》□《い》
ヒント 細かい部分は違っても、ほとんど同じこと。

(2) 針《しん》□《しょう》棒《ぼう》□《だい》
ヒント 小さなことでも大げさに言うこと。

(3) 空《くう》□《ぜん》絶《ぜつ》□《ご》
ヒント 今までも、この先も例がないほど、めずらしく、すごいこと。

(4) 一《いっ》□《しん》一《いっ》□《たい》
ヒント 進んだり、退いたりすること。

(5) 半《はん》□《しん》半《はん》□《ぎ》
ヒント 半分は信じて、半分は疑っていること。信じきっていない様子。

(6) □《せい》耕《こう》□《う》読《どく》
ヒント 晴れた日は田を耕し、雨の日には本を読むといった自由気ままな生活をすること。

(7) 起《き》□《し》回《かい》□《せい》
ヒント 死にそうなものを生き返らせるほど、勢いを取り戻すこと。

(8) 温《おん》□《こ》知《ち》□《しん》
ヒント 古い教えを学んで、新しいことにも通じる考えにいかすこと。

(9) 一《いっ》□《ちょう》一《いっ》□《たん》
ヒント 長所も短所もあるということ。

(10) 三《さん》□《かん》四《し》□《おん》
ヒント 寒い日と暖かい日が繰り返されること。

ひとことアドバイス

四字熟語には、反対の意味を表す漢字が入っているものが多いです。その漢字の意味も考えて学習しましょう。

6年 まとめくん

中学入試によく出る慣用句

名まえ（　　　　）　　点

★下の意味に合うように、□に漢字を一字入れなさい。

(1) □《いき》をのむ　ヒント　おどろいて、はっとする。

(2) □《は》がたたない　ヒント　まったくかなわない。

(3) □《はな》にかける　ヒント　じまんしていばる。

(4) □《て》を焼《や》く　ヒント　しまつにこまってもてあます。

(5) □《みみ》が痛《いた》い　ヒント　聞くのがつらい。

(6) 顔が□《ひろ》い　ヒント　多くの人に知られている。

(7) 足が□《で》る　ヒント　予算をこえる。

(8) 図に□《の》る　ヒント　思うようになってつけあがる。

(9) 口が□《まわ》る　ヒント　よくしゃべる。

(10) 油を□《う》る　ヒント　むだ話などをして、仕事をなまける。

ひとことアドバイス

慣用句は中学入試《にゅうし》に大変よく出ます。ここでは特によくでる問題を集めました。意味と合わせる出題もあるので、意味もいっしょに覚えましょう。

6年 まとめくん

中学入試によく出ることわざ

名まえ（　　　　）　　点

★□に動物の名前を書きましょう。
（(1)、(5)には漢字、(2)(3)(4)にはひらがなが入ります。）

(1) □の耳に念仏《ねんぶつ》
ヒント　いくら教えてもききめがないこと。

(2) □□も木から落ちる
ヒント　得意でも油断《ゆだん》するとかえって失敗することがある。

(3) □□に小判《こばん》
ヒント　りっぱなものも値打《ねう》ちがわからなければ役に立たない。

(4) 泣《な》き面《つら》に□□
ヒント　不幸の上にさらに不幸が重なる。

(5) □の遠《とお》ぼえ
ヒント　おくびょう者が人のいないところでいばること。

★よく似《に》た意味のことわざを線で結びましょう。

(6) さるも木から落ちる	・	・泣き面にはち
(7) 転ばぬ先の杖《つえ》	・	・弘法《こうぼう》も筆の誤《あやま》り
(8) おぼれる者はわらをもつかむ	・	・石橋をたたいてわたる
(9) 五十歩百歩	・	・苦しい時の神だのみ
(10) 弱り目にたたり目	・	・どんぐりの背比《せいくら》べ

ひとことアドバイス

中学入試によく出てくることわざを集めてみました。動物の名前は、ことわざに多く使われています。ことわざは、あまり学校では出てきませんから、日常の場面に合わせて使って、意味といっしょに身につけましょう。

6年

まとめくん

同じ訓《くん》をもつ漢字(1)

★意味や使い方を考えて漢字を書こう。

名まえ（　　　　　　）　　点

①
友人《ゆうじん》に□《あ》う
気が□《あ》う

②
仲《なか》が□《なお》る
病気《びょうき》が□《なお》る

③
傷《きず》を□《お》う
後《あと》を□《お》う

④
新記録《しんきろく》を□《う》む
卵《たまご》を□《う》む

⑤
鳥《とり》が□《な》く
子供《こども》が□《な》く

⑥
日《ひ》が□《さ》す
ゆびで□《さ》す

⑦
家《いえ》が□《た》つ
ゆげが□《た》つ

⑧
二階《にかい》に□《あ》がる
手《て》が□《あ》がる

⑨
駅《えき》に□《つ》く
気《き》が□《つ》く

⑩
山《やま》に□《のぼ》る
月が□《のぼ》る

⑪
ひっくり□《かえ》る
家《いえ》に□《かえ》る

⑫
右《みぎ》□《まわ》り
池《いけ》の□《まわ》り

⑬
目《め》が□《さ》める
湯《ゆ》が□《さ》める

⑭
□《はや》い朝《あさ》
□《はや》い車《くるま》

⑮
小鳥《ことり》を□《はな》す
友人《ゆうじん》と□《はな》す

⑯
服《ふく》を□《き》る
紙《かみ》を□《き》る

⑰
夜《よる》が□《あ》ける
窓《まど》を□《あ》ける
場所《ばしょ》を□《あ》ける

⑱
死《し》に□《わか》れる
道《みち》が□《わ》かれる

⑲
心《こころ》□《が》わり
父《ちち》の□《か》わり

⑳
□《あた》り一面《いちめん》
□《あ》たりくじ

6年 まとめくん

同じ訓《くん》をもつ漢字(2)

名まえ（　　　　）　　点

★意味や使い方を考えて漢字を書こう。

①
布《ぬの》を□《お》る
骨《ほね》を□《お》る

②
意味《いみ》を□《あらわ》す
姿《すがた》を□《あらわ》す

③
□《か》い犬《いぬ》
□《か》い物《もの》

④
敵《てき》に□《そな》える
神《かみ》だなに□《そな》える

⑤
薬《くすり》が□《き》く
話《はなし》を□《き》く

⑥
□《やぶ》れ障子《しょうじ》
□《やぶ》れ去《さ》る

⑦
平仮名《ひらがな》が□《ま》じる
米《こめ》に石《いし》が□《ま》じる

⑧
□《あたた》かい料理《りょうり》
□《あたた》かい気候《きこう》

⑨
都《みやこ》に□《す》む
気《き》が□《す》む

⑩
月日《ひ》を□《へ》る
人数《にんずう》が□《へ》る

⑪
月《つき》□《はじ》め
仕事《しごと》□《はじ》め

⑫
的《まと》を□《い》る
犬《いぬ》が□《い》る

⑬
末《すえ》□《なが》い
□《なが》い坂《さか》

⑭
車《くるま》を□《と》める
書《か》き□《と》める

⑮
かねを□《な》らす
飼《か》い□《な》らす

⑯
議長《ぎちょう》を□《つと》める
会社《かいしゃ》に□《つと》める
解決《かいけつ》に□《つと》める

⑰
□《あつ》い夏《なつ》
□《あつ》い湯《ゆ》
□《あつ》い本《ほん》

⑱
書《か》き□《うつ》す
鏡《かがみ》に□《うつ》す
場所《ばしょ》を□《うつ》す

⑲
長《なが》さを□《はか》る
重《おも》さを□《はか》る
時間《じかん》を□《はか》る
解決《かいけつ》を□《はか》る

⑳
税金《ぜいきん》を□《おさ》める
成果《せいか》を□《おさ》める
国《くに》を□《おさ》める
学問《がくもん》を□《おさ》める

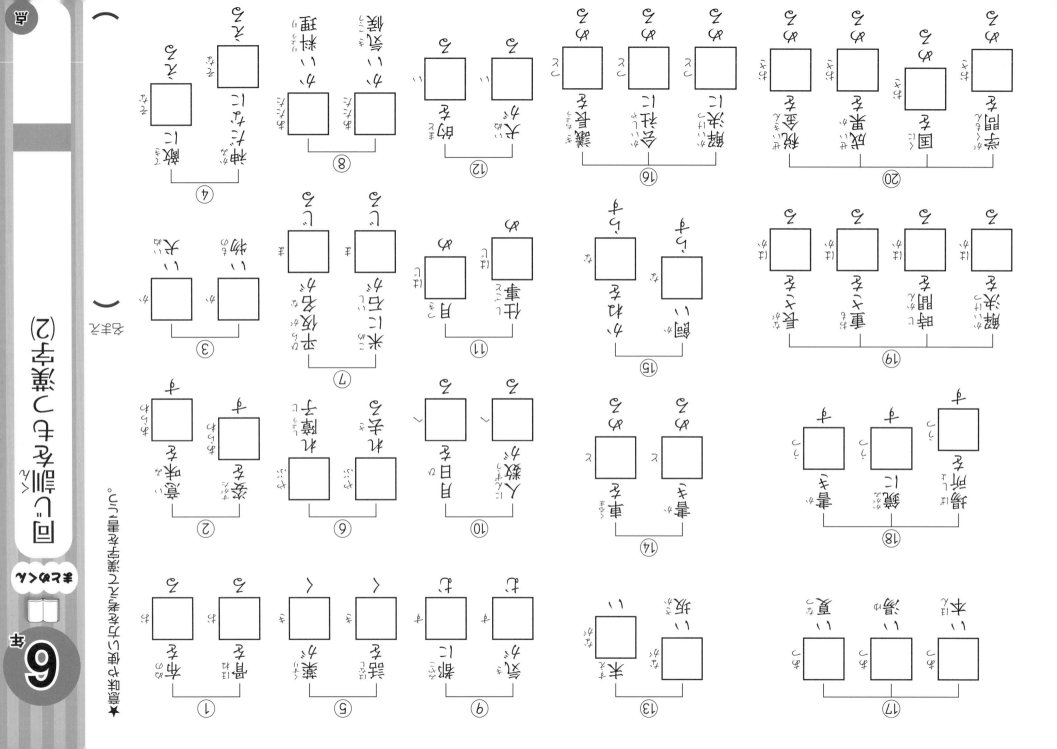

6年 まとめくん

同じ音《おん》をもつ熟語(1)

点

名まえ（　　　　）

★意味のちがいに注意して漢字を書こう。

①
- □□《しょうめい》書《しょ》
- □□《しょうめい》灯《とう》

②
- □□《かてい》訪問《ほうもん》
- 製作《せいさく》□□《かてい》

③
- 無重力《むじゅうりょく》□□《じょうたい》
- □□《じょうたい》と敬体《けいたい》

④
- 偉人《いじん》の□□《でんき》
- □□《でんき》製品《せいひん》

⑤
- □□《てんこう》生《せい》
- 悪《あく》□□《てんこう》

⑥
- 悪《わる》い□□《しゅうかん》
- □□《しゅうかん》誌《し》

⑦
- 野球《やきゅう》の□□《しどう》者《しゃ》
- エンジン□□《しどう》

⑧
- □□《きょうりょく》的《てき》
- □□《きょうりょく》磁石《じしゃく》

⑨
- □□《ほけん》室《しつ》
- 生命《せいめい》□□《ほけん》

⑩
- 人工《じんこう》□□《えいせい》
- □□《えいせい》検査《けんさ》

⑪
- 新聞《しんぶん》□□《きしゃ》
- □□《きしゃ》に乗《の》る

⑫
- □□《じどう》車《しゃ》
- □□《じどう》会《かい》

⑬
- □□《かいてん》ドア
- 本日《ほんじつ》□□《かいてん》

⑭
- □□《こうか》な品《しな》
- □□《こうか》的《てき》

⑮
- □□《たいよう》を航海《こうかい》する
- 真《ま》っ赤《か》な□□《たいよう》

⑯
- □□《さんせい》多数《たすう》
- □□《さんせい》雨《う》

⑰
- 働《はたら》く□□《いし》
- 病院《びょういん》の□□《いし》

⑱
- 蒸気《じょうき》□□《きかん》車《しゃ》
- 消化《しょうか》□□《きかん》
- □□《きかん》支《し》
- 募集《ぼしゅう》□□《きかん》

⑲
- 私《わたくし》□□《じしん》
- □□《じしん》満《まん》々

⑳
- □□《せいかく》な作業《さぎょう》
- 悪《わる》い□□《せいかく》

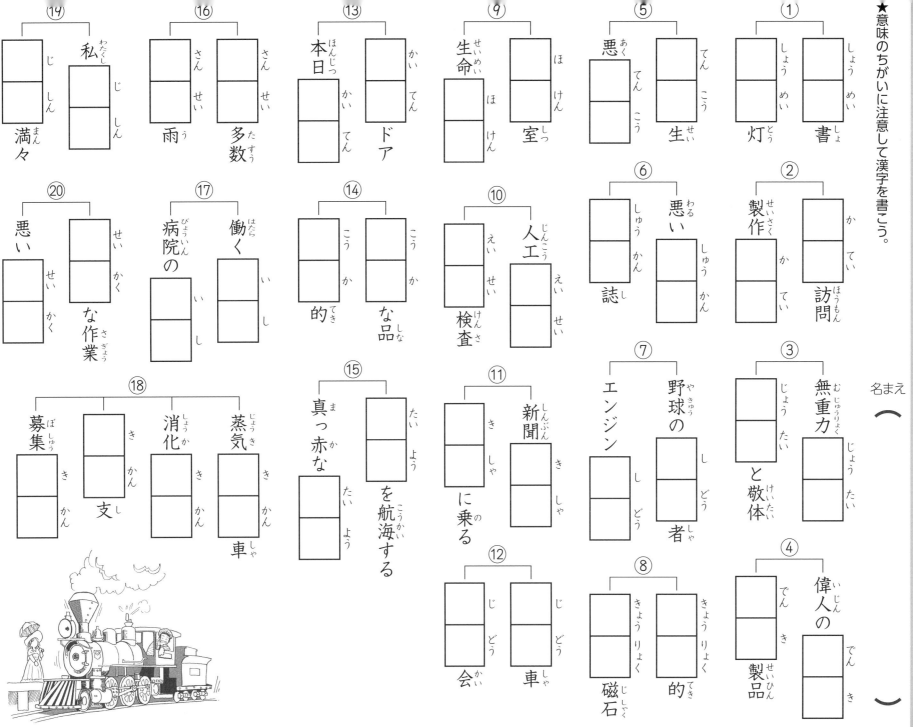

同じ音《おん》をもつ熟語(2)

6年 まとめくん

名まえ（　　　　）

点

★意味のちがいに注意して漢字を書こう。

①
□□《せいめい》保険《ほけん》
共同《きょうどう》□□《せいめい》

②
自分《じぶん》□□《いがい》
□□《いがい》な人物《じんぶつ》

③
□□《でんとう》工芸《こうげい》
かい中《ちゅう》□□《でんとう》

④
文章《ぶんしょう》の□□《こうせい》
□□《こうせい》に残《のこ》る
□□《こうせい》な裁判《さいばん》

⑤
図画《ずが》□□《こうさく》
畑《はたけ》の□□《こうさく》

⑥
□□《りょうしん》の愛《あい》
□□《りょうしん》的《てき》な店《みせ》

⑦
□□《きかい》の修理《しゅうり》
□□《きかい》を得《え》る

⑧
遠足《えんそく》の□□《ようい》
□□《ようい》な問題《もんだい》

⑨
工場《こうじょう》□□《せいし》
□□《せいし》画《が》

⑩
交通《こうつう》□□《じこ》
□□《じこ》紹介《しょうかい》

⑪
□□《こうざん》に登《のぼ》る
□□《こうざん》をほる

⑫
すずしい□□《きこう》
ビルの□□《きこう》式《しき》
遠足《えんそく》から□□《きこう》する

⑬
□□《ひこう》機《き》
□□《ひこう》少年《しょうねん》

⑭
□□《しょうたい》状《じょう》
□□《しょうたい》を現《あらわ》す

⑮
□□《じんこう》増加《ぞうか》
□□《じんこう》衛星《えいせい》

⑯
国語《こくご》□□《じてん》
百科《ひゃっか》□□《じてん》

⑰
□□《きたい》する
□□《きたい》と液体《えきたい》

⑱
病気《びょうき》が□□《かいほう》に向《む》かう
校庭《こうてい》を□□《かいほう》する
人質《ひとじち》を□□《かいほう》する

⑲
初期《しょき》□□《しょうか》
胃《い》で□□《しょうか》する

⑳
□□《かんしん》する
無《む》□□《かんしん》

6年

まとめくん

特別な読みかたをする漢字

（5年でも可）

★どれだけ書けるかな。

名まえ（　　　　）

点

① 〈きのう〉□□

② 〈きょう〉□□

③ 〈あす〉□□

④ 〈けさ〉□□

⑤ 〈ことし〉□□

⑥ 〈ついたち〉□□

⑦ 〈ふつか〉□□

⑧ 〈はつか〉□□□

⑨ 〈たなばた〉□□

⑩ 〈とけい〉□□

⑪ 〈じょうず〉□□

⑫ 〈へた〉□□

⑬ お□《とう》さん

⑭ お□《かあ》さん

⑮ 〈おとな〉□□

⑯ 〈ともだち〉□□

⑰ お□《にい》さん

⑱ お□《ねえ》さん

⑲ 〈ひとり〉□□

⑳ 〈ふたり〉□□

㉑ 〈はかせ〉□□

㉒ 〈まいご〉□□

㉓ 〈めがね〉□□

㉔ 〈へや〉□□

㉕ 〈やおや〉□□□

㉖ 〈くだもの〉□□

㉗ 〈てつだ〉□□う

㉘ 〈かわら〉□□

㉙ 〈しみず〉□□

㉚ 〈けしき〉□□

㉛ □《ま》っ□《か》

㉜ □《ま》っ□《さお》

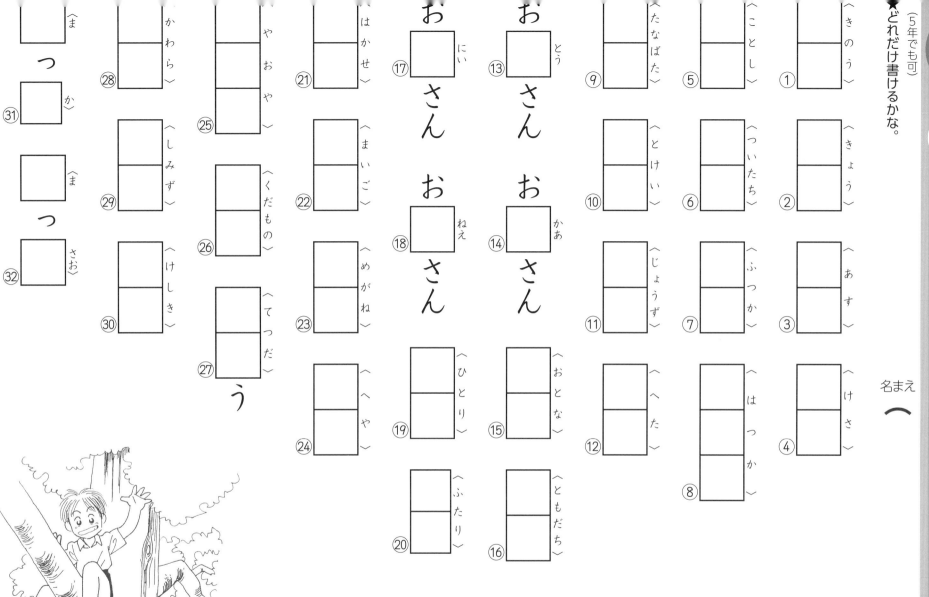

漢字クロスワードパズル

名まえ

1	2		3		4	
			5	6	銅《どう》	
7						8
			9		10	
11		12				
13	蒸《じょう》			14		

〈たてのヒント〉

2 クラスにあるたくさんの本
3 お金をあつめること
4 ○○貨《か》。「手ぶくろを買いに」の子ぎつ
ねがもっているお金
6 雪でおおわれたけしき
あたり一面○○○
8 国語、○○、算数、理科
9 「金魚の○○をしっかりしなさい」とお
母さんに言われた
10 大きな大きな町
11 アサガオで○○を作って遊ぼうよ
12 夜は暗いから○○をつけよう

〈よこのヒント〉

1 ある人が書いたものを全部集めた書物
4 湖にいるきれいな鳥
5 オリンピックメダルの種類《しゅるい》
7 作文を書くノート
9 オリンピックはスポーツの○○○○だ
よ
12 「もしもし……」
13 お湯をわかすと出てくる湯気のこと
14 みんなが集まる場所

4年

まとめくん

漢字クロスワードパズル

名まえ

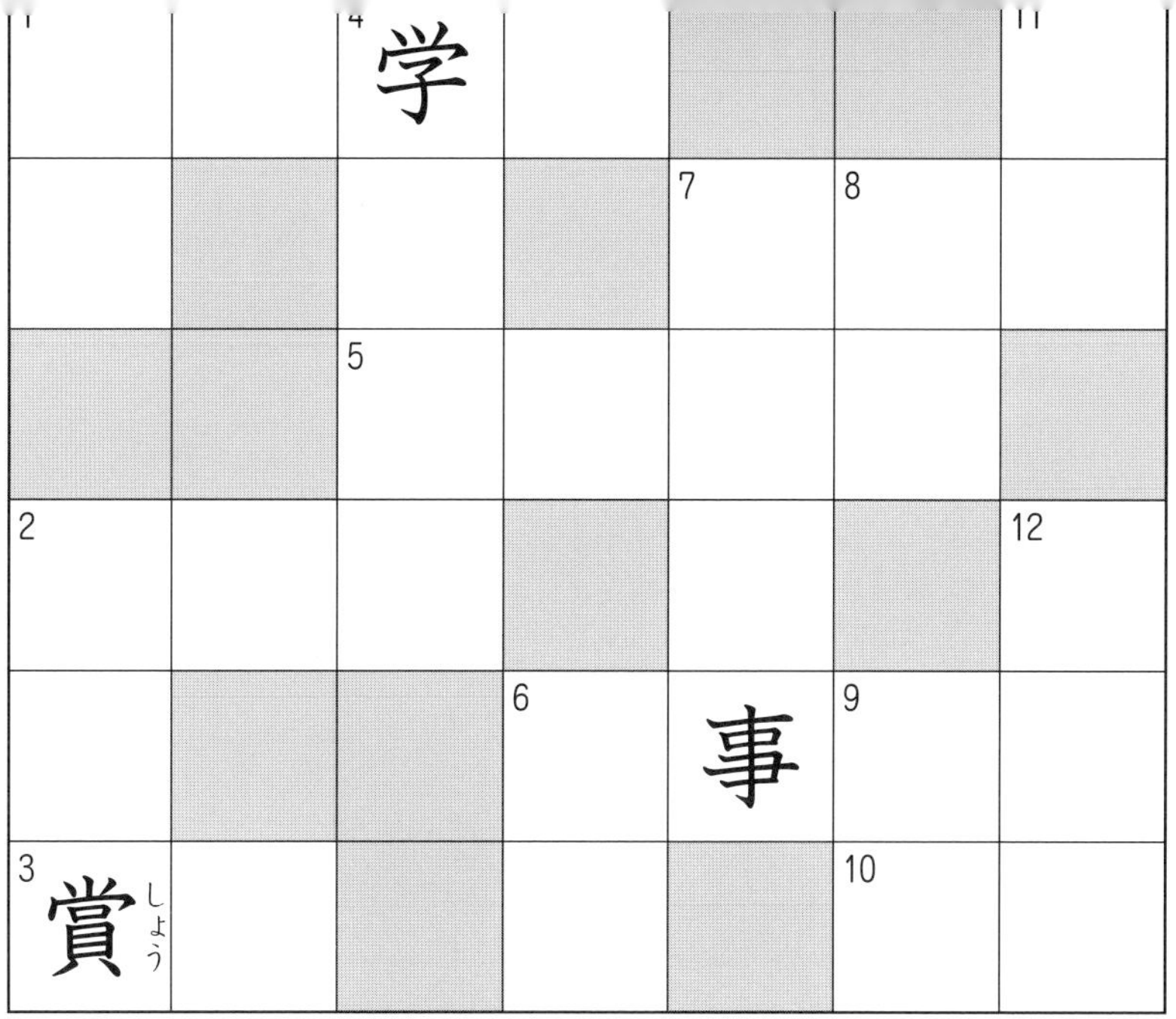

〈たてのヒント〉

1 学校の責任者

2 出るだけでこれはもらえる

4 校内においてある本。貸し出して読むこともできる

6 陸・海・空がある。いくさをする

7 本だなを作ったり、家を建てたりする

8 とつぜんおそってくるぜんそくの◯◯

9 重大なようす。「それは◯◯だ！」

11 おいしくできたかな。ちょっと食べてみよう

12 日本人も、アメリカに行けば◯◯◯

〈よこのヒント〉

1 遠足や社会科見学など、学校の外で勉強すること

2 教科書だけではわからないので、◯◯◯を読んで勉強する

3 クイズに正かいして、ごうかな◯◯が当たった

5 小学校の教科のひとつ

6 戦争のための兵器にお金をたくさん使っている国

7 とてもねうちのあるすばらしいものを見つけること

10 ちょっとかわった性格《せいかく》の人

5年 まとめくん

漢字クロスワードパズル

名まえ

1	5	6		11	13	
2	合		9		格	
			10	12		
3		7				
		8		能		14
4						

〈たてのヒント〉

1 まねきあつめること
3 鉄・銅などでできていること
5 駅や病院にある
6 ものごとのありさま
7 海上を船で人や物を輸送する仕事
9 温度や角度などの数
12 朝すずしいうちに勉強すると○○○○が上がる
13 人がらのすぐれた人
14 家族・夫婦などがわかれわかれに住むこと

〈よこのヒント〉

1 パーティに来てほしいとき、出す手紙
2 朝会で集まったとき、みんなおしゃべり。○○○○がよくない
4 原料を加工して新しい品物をつくる仕事
8 スポーツが得意な人と不得意な人を分けること
10 ユークリッド、ガウス、広中平祐《ひろなかへいすけ》などの人々
11 おとなになったお祝いの式

6年

まとめくん

漢字クロスワードパズル

名まえ

1	2		3	■	4	
■		■	5	6		■
7			■		■	8
■		■	9		13	
10	■	11		■		■
12			■	14		

〈たてのヒント〉

2 高校生の通っている学校

3 出来事を時代、年、月順などにしるしたもの

4 かぜのちから

6 今の時代の文

8 言葉が通じない人の間に立って相手の言うことを伝えること

9 日本の料理

10 一年のはじめ

11 西洋風のもの、◯◯トイレ

13 英語で書かれた作文

〈よこのヒント〉

1 小学校では六年生のこと

4 かぜでまわるくるま

5 身ぶり手ぶりなど、あらわし伝えるちから

7 小学校では一、二年生のこと

9 日本語を英語になおすこと

11 ヨーロッパやアメリカ風の料理、ステーキ、ハンバーグ

12 学期の授業がはじまるとき

14 お金をぜんぜん持っていないこと

Lesson 3

― 学期別漢字 ―

2年

4月〜7月

学きべつかん字まとめくん(1)

名まえ（　　　　）　（　　　点）

★どれだけかけるかな？

①□《とも》だち　②□《あね》と③□《いもうと》　二《に》年《ねん》三《さん》④□《くみ》

⑤□《ちか》みち　⑥⑦□《と》□《しょ》館《かん》　なかま⑧□《わ》け

⑨□《おも》い出《で》　⑩□《とり》の⑪□《はね》　⑫□《せん》を引《ひ》く

⑬□《こく》ばん　⑭□《なが》い⑮□《け》　⑯□《さかな》をつる

⑰□《いわ》かげ　⑱□《ある》き⑲□《かた》　⑳□《にく》をたべる

㉑□《はる》休《やす》み　一《いち》㉒□《まん》円《えん》　㉓□《いま》からやる

㉔□《なつ》休《やす》み　㉕□《たい》いく　いけんを㉖□《い》う

㉗□《かぞ》える　㉘□《き》車《しゃ》にのる　㉙㉚□《き》□《いろ》いぼうし　名《な》㉛□《まえ》をよぶ

㉜□《かんが》える　㉝□《え》本《ほん》を見《み》る　㉞㉟□《こう》□《えん》であそぶ　日《にっ》㊱□《き》をつける

よみましょう（こたえ）

①友だち　②姉と妹③　二年三組④　⑤近みち　⑥図⑦書館《かん》　なかま⑧分け　⑨思い出　⑩鳥の⑪羽　⑫線を引く　⑬黒ばん　⑭長い⑮毛　⑯魚をつる　⑰岩かげ

⑱歩き⑲方　⑳肉をたべる　㉑春休み　一㉒万円　㉓今からやる　㉔夏休み　㉕体いく　いけんを㉖言う　㉗数える　㉘汽車にのる　㉙黄㉚色いぼうし

㉛名前をよぶ　㉜考える　㉝絵本を見る　㉞公㉟園であそぶ　日㊱記をつける

2年

4月〜7月

学きべつかん字まとめくん(2)

名まえ（　　　　）

点

★どれだけ書けるかな？

①□《げん》気《き》な子《こ》　さい②□《ご》の一《いっ》③□《かい》

④□《たか》いかべ　⑤□《かい》⑥□《しゃ》をつくる

日《にち》⑦□《よう》日《び》　小《こ》⑧□《がたな》で⑨□《き》る

はこの⑩□《かたち》　⑪□《きょう》⑫□《しつ》に入《はい》る

もの⑬□《し》り　⑭□《ゆき》が⑮□《おお》い

⑯□《か》いもの　⑰□《みなみ》⑱□《かぜ》がふく　音《おん》⑲□《どく》をする

あん⑳□《ない》する　㉑□《うみ》に㉒□《い》く　㉓□《くも》がうかぶ　㉔□《ひろ》い㉕□《みせ》

㉖□《つう》学《がく》ろ　㉗□《はなし》を㉘□《き》く　㉙□《あたま》がいたい　㉚□《おな》じ㉛□《ふと》さ

空《そら》が㉜□《は》れる　㉝□《てん》と㉞□《まる》をつける　ほしが㉟□《ひか》る

よみましょう（こたえ）

①元気な子　さい②後の一③回　④高いかべ　⑤⑥会社をつくる　日⑦曜日　小⑧刀で⑨切る　はこの⑩形　⑪⑫教室に入る　もの⑬知り　⑭雪が⑮多い

⑯買いもの　⑰⑱南風がふく　音⑲読をする　あん⑳内する　㉑海に㉒行く　㉓雲がうかぶ　㉔広い㉕店　㉖通学ろ　㉗話を㉘聞く　㉙頭がいたい

㉚同じ㉛太さ　空が㉜晴れる　㉝点と㉞丸をつける　ほしが㉟光る

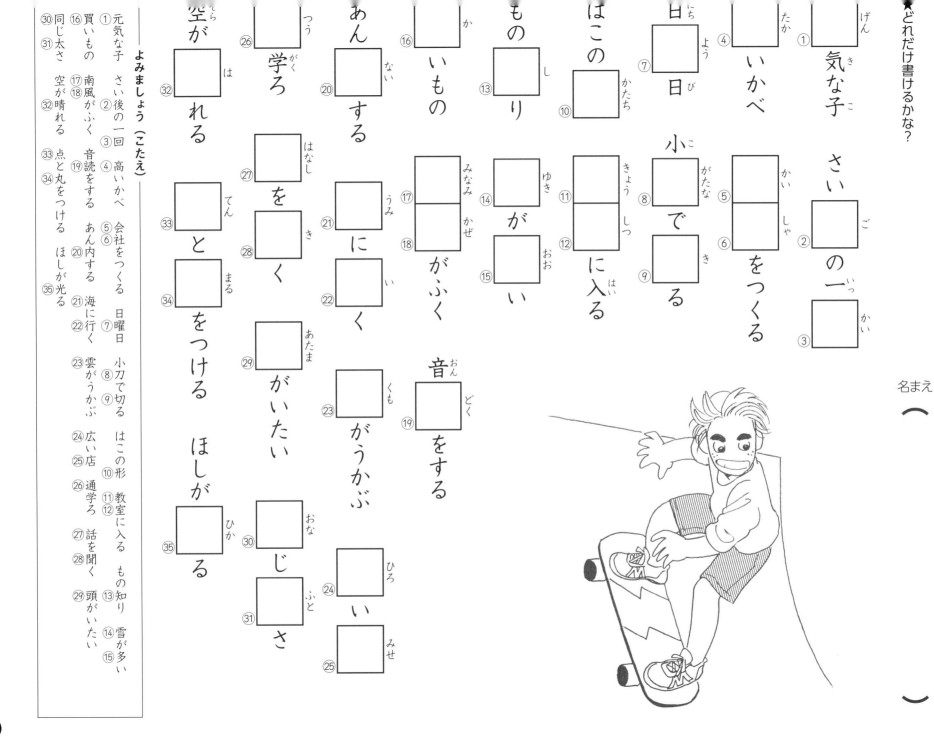

2年 8月～12月

学きべつかん字まとめくん(3)

★どれだけ書けるかな？

名まえ（　　　）

点

①□《こく》②□《ご》　③□《さん》数《すう》　生《せい》④□《かつ》⑤□《か》　たいらな土《と》⑥□《ち》

⑦□《いち》⑧□《ば》　⑨□《はん》分《ぶん》　一《いっ》⑩□《しゅう》⑪□《かん》　⑫□《ちゃ》色《いろ》のえのぐ

⑬□《の》⑭□《はら》　⑮□《ちち》と⑯□《はは》　⑰□《あに》と⑱□《おとうと》　⑲□《にし》日《び》があたる

⑳□《まい》日《にち》会《あ》う　けいたい㉑□《でん》話《わ》　㉒□《じ》分《ぶん》の本《ほん》　㉓□《あさ》日《ひ》がのぼる

㉔□《さと》いもを㉕□《た》べる

㉖□《り》由《ゆう》を㉗□《こた》える　㉘□《かお》をあらう

㉙□《なん》㉚□《だい》もの車《くるま》　㉛□《ふね》にのる

力《ちから》を㉜□《あ》わせる　雨《あま》㉝□《ど》をしめる

㉞□《たの》しく㉟□《うた》う　㊱□《ひる》ごはん

よみましょう（こたえ）

①②国語　③算数　④⑤生活科　たいらな土⑥地　⑦⑧市場　⑨半分　一⑩⑪週間　⑫茶色のえのぐ　⑬⑭野原　⑮父と⑯母　⑰兄と⑱弟　⑲西日があたる　⑳毎日会う

けいたい㉑電話　㉒自分の本　㉓朝日がのぼる　㉔里いもを㉕食べる　㉖理由《ゆう》を㉗答える　㉘顔をあらう　㉙㉚何台もの車　㉛船にのる

力を㉜合わせる　㉝雨戸をしめる　㉞楽しく㉟歌う　㊱昼ごはん

2年

8月〜12月

学きべつかん字まとめくん(4)

名まえ（　　　　　）

点

★どれだけ書けるかな？

①□《よ》が②□《あ》ける　③□《ほそ》い糸《いと》　④⑤□□《こう さく》をする　⑥□《いえ》の⑦□《そと》

そうじ⑧⑨□□《とう ばん》　三《さん》⑩□《かっ》形《けい》　⑪□《こめ》と⑫□《むぎ》　⑬□《ふる》い⑭□《てら》

うさぎの⑮□《おや》子《こ》　⑯□《こころ》の中《なか》　⑰□《あき》から⑱□《ふゆ》へ　⑲□《かえ》り⑳□《みち》

立《た》ち㉑□《ど》まる　ため㉒□《いけ》　㉓□《ご》前《ぜん》九《く》㉔□《じ》　㉕㉖㉗□□□《が よう し》

㉘□《うま》の㉙□《くび》　セミの㉚□《な》き㉛□《ごえ》　おくれて㉜□《く》る

㉝㉞□□《とう きょう》に行《い》く　㉟□《あたら》しいふく

〈読みかえかん字〉

音《おん》㊱□《がく》　本《ほん》に㊲□《した》しむ　草《そう》㊳□《げん》

手《て》㊴□《がみ》　パンを㊵□《つく》る　この㊶□《あいだ》

㊷□《らい》月《げつ》　一《ひと》つに㊸□《がっ》体《たい》する　㊹□《しん》聞《ぶん》

よみましょう（こたえ）

①夜が②明ける　③細い糸　④⑤工作をする　⑥家の⑦外　そうじ⑧⑨当番　⑩三角形　⑪米と⑫麦　⑬古い⑭寺　うさぎの⑮親子　⑯心の中　⑰秋から⑱冬へ　⑲帰り⑳道　立ち㉑止まる　ため㉒池　㉓午前九㉔時　㉕㉖㉗画用紙　㉘馬の㉙首　セミの㉚鳴き㉛声　おくれて㉜来る　㉝㉞東京に行く　㉟新しいふく　㊱音楽　本に㊲親しむ　草㊳原　手㊴紙　パンを㊵作る　この㊶間　㊷来月　一つに㊸合体する　㊹新聞《ぶん》

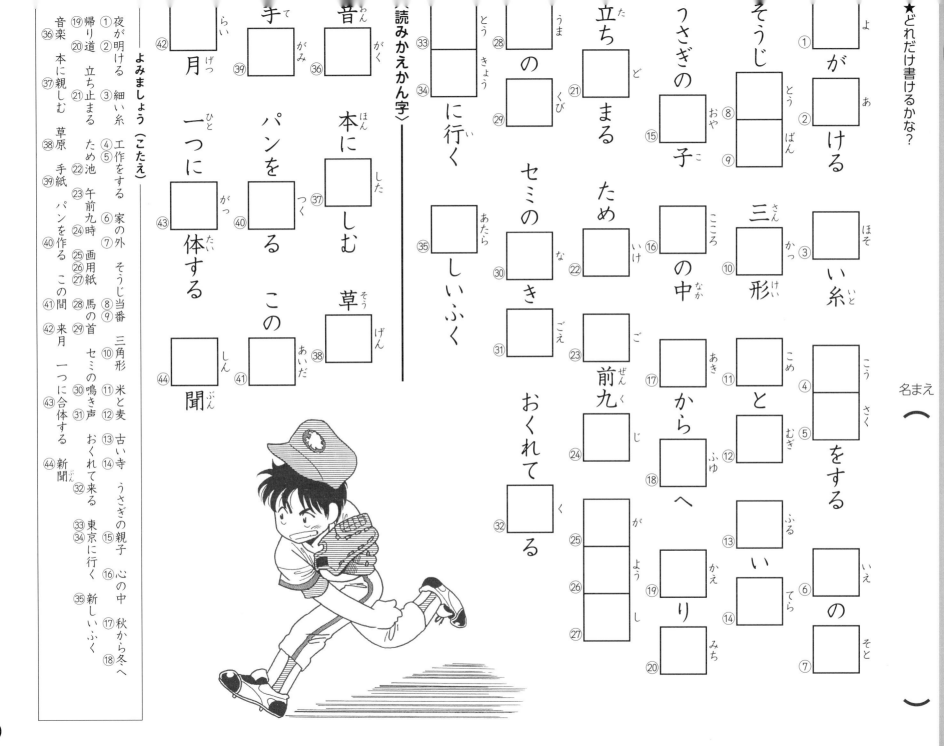

2年　1月～3月

学きべつかん字まとめくん(5)

★どれだけかけるかな？

名まえ（　　　　）

点

①□《ほし》が光《ひか》る　やり②□《なお》す　③□《けい》算《さん》する　大《おお》④□《う》り出《だ》し

もう⑤□《すこ》し　⑥□《ひ》きだす　⑦□《ゆみ》⑧□《や》　学校《がっこう》の正《せい》⑨□《もん》

⑩□《はし》りだす　⑪□《きた》風《かぜ》がふく　力《ちから》⑫□《づよ》い　⑬□《たに》川《がわ》の水《みず》

気《き》が⑭□《よわ》い　⑮□《こう》さ点《てん》　⑯□《うし》や馬《うま》　天《てん》⑰□《さい》　⑱□《えん》足《そく》

〈読みかえかん字〉

本《ほん》を⑲□《よ》む　⑳□《てん》㉑□《ちょう》さん　人《にん》㉒□《げん》

㉓□《ぎょう》をかえる　人《ひと》と出《で》㉔□《あ》う　㉕□《く》み立《た》てる

字《じ》を㉖□《か》く　みちを㉗□《おし》える　大《たい》㉘□《せつ》な人《ひと》

㉙□《うし》ろのせき　半《はん》㉚□《ぶん》にする　こまを㉛□《まわ》す

友《とも》だちと㉜□《はな》す　大《おお》きな㉝□《かず》　かみを㉞□《まる》める

よみましょう（こたえ）

①星が光る　②やり直す　③計算する　④大売り出し　⑤もう少し　⑥引きだす　⑦⑧弓矢　⑨学校の正門　⑩走りだす　⑪北風がふく　⑫力強い　⑬谷川の水　⑭気が弱い　⑮交さ点　⑯牛や馬　⑰天才　⑱遠足　⑲本を読む　⑳㉑店長さん　㉒人間　㉓行をかえる　㉔人と出会う　㉕組み立てる　㉖字を書く　㉗みちを教える　㉘大切な人　㉙後ろのせき　㉚半分にする　㉛こまを回す　㉜友だちと話す　㉝大きな数　㉞かみを丸める

3年

4月〜7月

学きべつかん字まとめくん(1)

★どれだけ書けるかな？

名まえ（　　　　）

点

① □《あん》心《しん》
⑧ □《よう》子《す》
⑮ □《さか》道《みち》
㉒ □《みどり》色《いろ》
㉘ □《ぎん》色《いろ》
㉝ □《きょ》年《ねん》
㊲ □《ぜん》体《たい》
㊵ □《か》石《せき》
㊸ □《おん》度《ど》
㊻ □《かん》字《じ》

② □《せ》 ③ □《かい》
⑨ □《もん》 ⑩ □《だい》
⑯ □《しょく》 ⑰ □《ぶつ》
㉓ □《よう》 ㉔ □《ふく》
㉙ □《あそ》ぶ
㉞ □《し》ぬ
㊳ □《わる》い心《こころ》
㊶ □《みじか》い間《あいだ》
㊹ □《ふか》い海《うみ》
㊼ □《かな》しい

文《ぶん》 ④ □《しょう》
道《どう》 ⑪ □《ろ》
地《ち》 ⑱ □《きゅう》
番《ばん》 ㉕ □《ごう》
家《か》 ㉚ □《ぞく》
理《り》 ㉟ □《ゆう》
海《かい》 ㊴ □《がん》
道《どう》 ㊷ □《ぐ》
表《ひょう》 ㊺ □《めん》
作《さく》 ㊽ □《ひん》

⑤ □《かん》 ⑥ □《そう》 文《ぶん》
⑫ □《お》ち ⑬ □《ば》
⑲ □《うん》 ⑳ □《どう》 会《かい》
㉖ □《よこ》 切《ぎ》る
㉛ □《く》 切《ぎ》る
東京《とうきょう》 ㊱ □《と》

人《ひと》を ⑦ □《たす》ける
ゆうびん ⑭ □《きょく》
㉑ □《のう》ぎょう
一分《いっぷん》は六十《ろくじゅう》 ㉗ □《びょう》
図書《としょ》 ㉜ □《かん》 に行《い》く

読みましょう（答）

①安心 ②③世界 ④文章 ⑤⑥感想文 人を⑦助ける ⑧様子 ⑨⑩問題 道⑪路 ⑫落ち⑬葉 ゆうびん⑭局 ⑮坂道 ⑯⑰植物 地⑱球 ⑲⑳運動会 ㉑農ぎょう

㉒緑色 ㉓㉔洋服 番㉕号 ㉖横切る 一分は六十㉗秒 ㉘銀色 ㉙遊ぶ 家㉚族 ㉛区切る 図書㉜館に行く ㉝去年 ㉞死ぬ 理㉟由 東京㊱都 ㊲全体

㊳悪い心 海㊴岸 ㊵化石 ㊶短い間 道㊷具 ㊸温度《ど》 ㊹深い海 表《ひょう》㊺面 ㊻漢字 ㊼悲しい 作㊽品

学きべつかん字まとめくん(2)

3年 4月～7月

★どれだけ書けるかな？

名まえ（　　　　）

点

①□《ゆう》名《めい》　②③□□《いみ》　④⑤□□《はっぴょう》会《かい》　⑥□《し》を読《よ》む　本《ほん》で⑦□《しら》べる

⑧□《しょう》売《ばい》　⑨⑩□□《よてい》　⑪⑫□□《ひらおよ》ぎ　⑬□《み》の回《まわ》り　一日《いちにち》が⑭□《お》わる

⑮□《こおり》水《みず》　⑯⑰□□《しごと》　お⑱□《きゃく》さん　⑲□《さけ》をのむ　お金《かね》を⑳□《つか》う

㉑□《むかし》話《ばなし》　㉒㉓□□《れんしゅう》　前《まえ》を㉔□《む》く

㉕□《ゆび》先《さき》　入学《にゅうがく》㉖□《しき》　石《いし》を㉗□《ひろ》う

㉘□《あい》手《て》　㉙□《つぎ》の日《ひ》　山《やま》に㉚□《のぼ》る

㉛□《どう》話《わ》　気《き》㉜□《も》ち　太《たい》㉝□《よう》の光《ひかり》

㉞□《てつ》道《どう》　青森《あおもり》㉟□《けん》　㊱□《せい》理《り》する　木《き》の㊲□《み》

場《ば》㊳□《しょ》　えん㊴□《ぴつ》　家《いえ》に㊵□《つ》く　名前《なまえ》を㊶□《き》める　ひっくり㊷□《かえ》る

放《ほう》㊸□《そう》　㊹□《もう》しこむ　町《まち》に㊺□《す》む　まどを㊻□《ひら》く　切手《きって》を㊼□《あつ》める

読みましょう（答）

①有名　②③意味　④⑤発表会　⑥詩を読む　本で⑦調べる　⑧商売　⑨⑩予定　⑪⑫平泳ぎ　⑬身の回り　一日が⑭終わる　⑮氷水　⑯⑰仕事　お⑱客さん

⑲酒をのむ　お金を⑳使う　㉑昔話　㉒㉓練習　前を㉔向く　㉕指先　入学㉖式　石を㉗拾う　㉘相手　㉙次の日　山に㉚登る　㉛童話　気㉜持ち

太㉝陽の光　㉞鉄道　青森㉟県　㊱整理する　木の㊲実　場㊳所　えん㊴筆　家に㊵着く　名前を㊶決める　ひっくり㊷返る　放《ほう》㊸送　㊹申しこむ

町に㊺住む　まどを㊻開く　切手を㊼集める

3年

8月〜12月

学きべつかん字まとめくん(3)

名まえ（　　　　）

点

★どれだけ書けるかな？

① □《りょ》行《こう》

②③ □《しゃ》□《しん》をとる

二《に》④□《かい》に上《あ》がる

体《たい》⑤□《いく》館《かん》

⑥ □《た》人《にん》

⑦ □《くすり》を⑧□《の》む

日本《にほん》の⑨□《まつ》り

⑩ □《てん》校生《こうせい》

⑪ □《りょう》親《しん》

⑫⑬ □《しょう》□《わ》のころ

九《きゅう》⑭□《しゅう》に行《い》く

図書《としょ》⑮□《がかり》

⑯ □《だい》一《いち》

⑰ □《きゅう》行《こう》に⑱□《の》る

⑲ □《お》いかける

学《がっ》⑳□《きゅう》会《かい》

㉑ □《に》物《もつ》

㉒ □《おも》い㉓□《びょう》気《き》

し㉔□《あい》に負《ま》ける

田中《たなか》㉕□《くん》

㉖ □《みなと》町《まち》

㉗㉘ □《はな》□《ぢ》を出《だ》す

テストを㉙□《う》ける

中《ちゅう》㉚□《おう》

㉛ □《いき》が㉜□《くる》しい

相《そう》㉝□《だん》

㉞ □《なが》れ星《ぼし》

石《せき》㉟□《ゆ》

㊱ □《まめ》まき

作《さ》㊲□《ぎょう》

㊳ □《かわ》むき

読みましょう（答）

①旅行　②③写真をとる　④二階に上がる　⑤体育館　⑥他人　⑦薬を⑧飲む　⑨日本の祭り　⑩転校生　⑪両親　⑫⑬昭和のころ　⑭九州に行く　⑮図書係

⑯第一　⑰急行に⑱乗る　⑲追いかける　⑳学級会　㉑荷物　㉒重い㉓病気　㉔し合に負ける　㉕田中君　㉖港町　㉗㉘鼻血を出す　㉙テストを受ける

㉚中央　㉛息が㉜苦しい　㉝相談　㉞流れ星　㉟石油　㊱豆まき　㊲作業　㊳皮むき

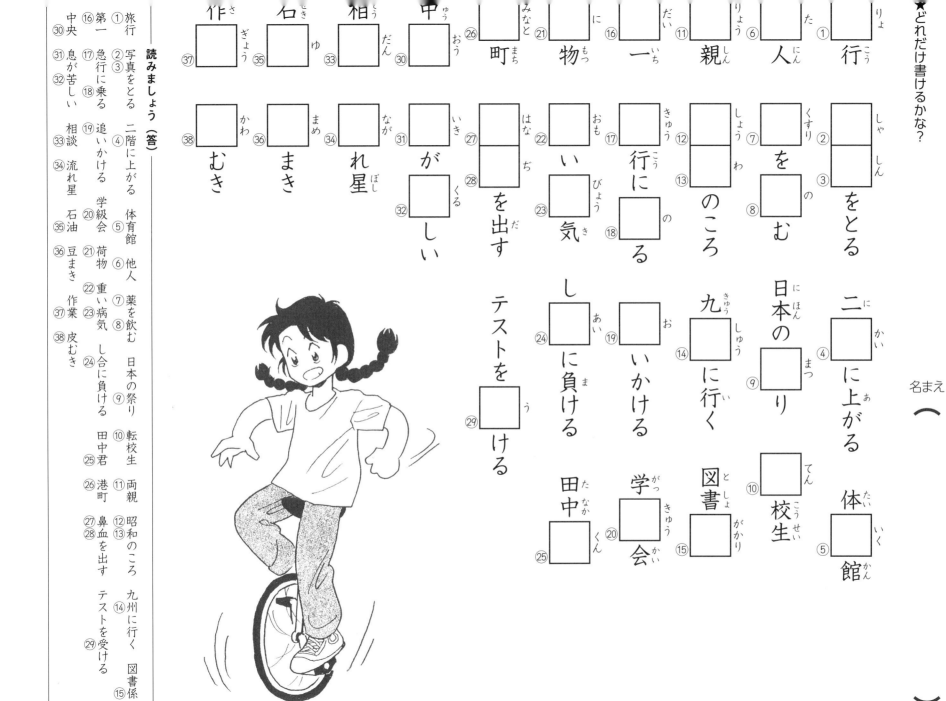

3年　8月～12月

学きべつかん字まとめくん(4)

名まえ（　　　　）　　点

★どれだけ書けるかな？

全《ぜん》①□《ぶ》　春《はる》を②□《ま》つ　③□《や》④□《ね》うら

心《しん》⑤□《ぱい》　二学《にがっ》⑥□《き》　⑦□《い》⑧□《しゃ》

黒《こく》⑨□《ばん》　むし⑩□《ば》　火《ひ》を⑪□《け》す

今《こん》⑫□《ど》　⑬□《しゅ》人公《じんこう》　⑭□《と》り出《だ》す

鉄《てっ》⑮□《きょう》　⑯□《やく》わり　⑰□《お》き上《あ》がる

反《はん》⑱□《たい》　お⑲□《まも》り　⑳□《さら》あらい

行《ぎょう》㉑□《れつ》　㉒□《くら》い道《みち》　大切《たいせつ》な㉓□《いのち》

㉔□《えき》前《まえ》　前《まえ》に㉕□《すす》む　やさい㉖□《ばたけ》　二《に》㉗□《ばい》になる

㉘□《あつ》い夏《なつ》　㉙□《こう》㉚□《ふく》な人《ひと》　㉛□《はしら》時計《どけい》　㉜□《かる》いランドセル

㉝□《さむ》い冬《ふゆ》　㉞□《い》㉟□《いん》会《かい》　㊱□《うつく》しい　㊲□《しま》　食《た》べ㊳□《はじ》める

読みましょう（答）

全①部　春を②待つ　③④屋根うら　心⑤配　二学⑥期　⑦⑧医者　黒⑨板　むし⑩歯　火を⑪消す　今⑫度　⑬主人公　⑭取り出す　鉄⑮橋　⑯役わり

⑰起き上がる　反《はん》⑱対　お⑲守り　⑳皿あらい　行㉑列　㉒暗い道　大切な㉓命　㉔駅前　前に㉕進む　やさい㉖畑　二㉗倍になる　㉘暑い夏

㉙㉚幸福な人　㉛柱時計　㉜軽いランドセル　㉝寒い冬　㉞㉟委員会　㊱美しい　㊲島　食べ㊳始める

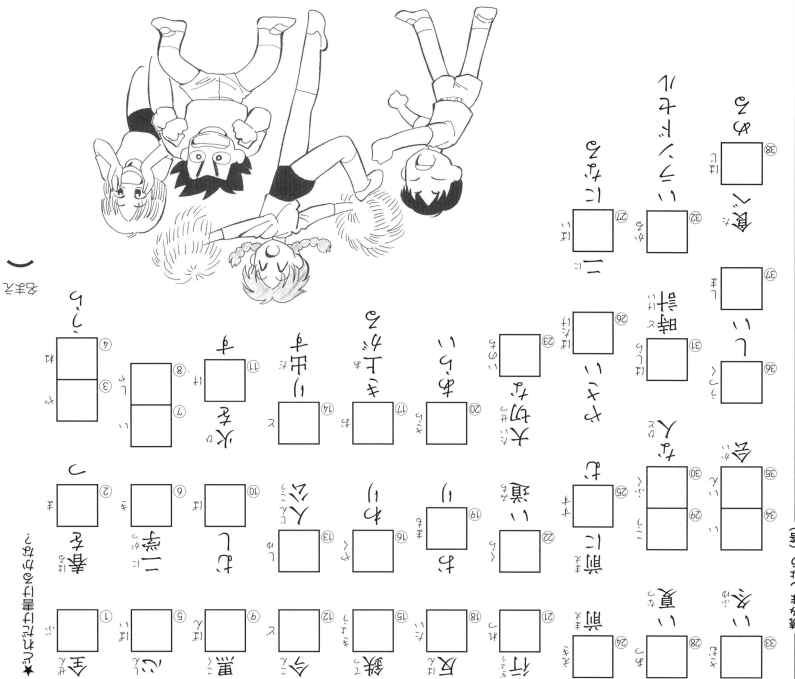

3年

1月～3月

学きべつかん字まとめくん(5)

★どれだけ書けるかな？

名まえ（　　　　）

点

①□《べん》強《きょう》　②□《しょう》負《ぶ》　校《こう》③□《てい》　④□《ひつじ》のむれ　球《たま》を⑤□《な》げる

⑥□《ちゅう》意《い》　⑦□《だい》表《ひょう》　さざ⑧□《なみ》　船《ふね》の汽《き》⑨□《てき》　球《たま》を⑩□《う》つ

⑪□《はん》対《たい》　車《しゃ》⑫□《こ》　三《さん》⑬□《ちょう》目《め》　お⑭□《れい》をする　⑮□《ゆ》をわかす

⑯□《ほう》送《そう》　石《せき》⑰□《たん》　日記《にっき》⑱□《ちょう》　大《おお》きな⑲□《みずうみ》

⑳□《じん》社《じゃ》　作《さっ》㉑□《きょく》　㉒□《きゅう》でん　足《あし》が㉓□《はや》い

㉔□《しゅく》題《だい》　病《びょう》㉕□《いん》　㉖□《けん》㉗□《きゅう》　長《なが》さが㉘□《ひと》しい　筆《ふで》㉙□《ばこ》

〈読みかえかん字〉

㉚□《すみ》火《び》　㉛□《かみ》様《さま》　うら㉜□《にわ》　お茶《ちゃ》を㉝□《そそ》ぐ　魚《さかな》を㉞□《はな》す

電《でん》㉟□《ぱ》　口《くち》㊱□《ぶえ》　雨《あま》㊲□《やど》り　右《みぎ》に㊳□《ま》がる　当番《とうばん》を㊴□《か》わる

㊵□《よう》毛《もう》　時《じ》㊶□《そく》　㊷□《だ》楽器《がっき》　し合《あい》に㊸□《か》つ　お㊹□《みや》まいり

読みましょう（答）

①勉強　②勝負　③校庭　④羊のむれ　⑤球を投げる　⑥注意　⑦代表　⑧さざ波　⑨船の汽笛　⑩球を打つ　⑪反対　⑫車庫　⑬三丁目　⑭お礼をする　⑮湯をわかす　⑯放送　⑰石炭　⑱日記帳　⑲大きな湖　⑳神社　㉑作曲　㉒宮でん　㉓足が速い　㉔宿題　㉕病院　㉖㉗研究　㉘長さが等しい　㉙筆箱　㉚炭火　㉛神様　㉜うら庭　㉝お茶を注ぐ　㉞魚を放す　㉟電波　㊱口笛　㊲雨宿り　㊳右に曲がる　㊴当番を代わる　㊵羊毛　㊶時速　㊷打楽器《き》　㊸し合に勝つ　㊹お宮まいり

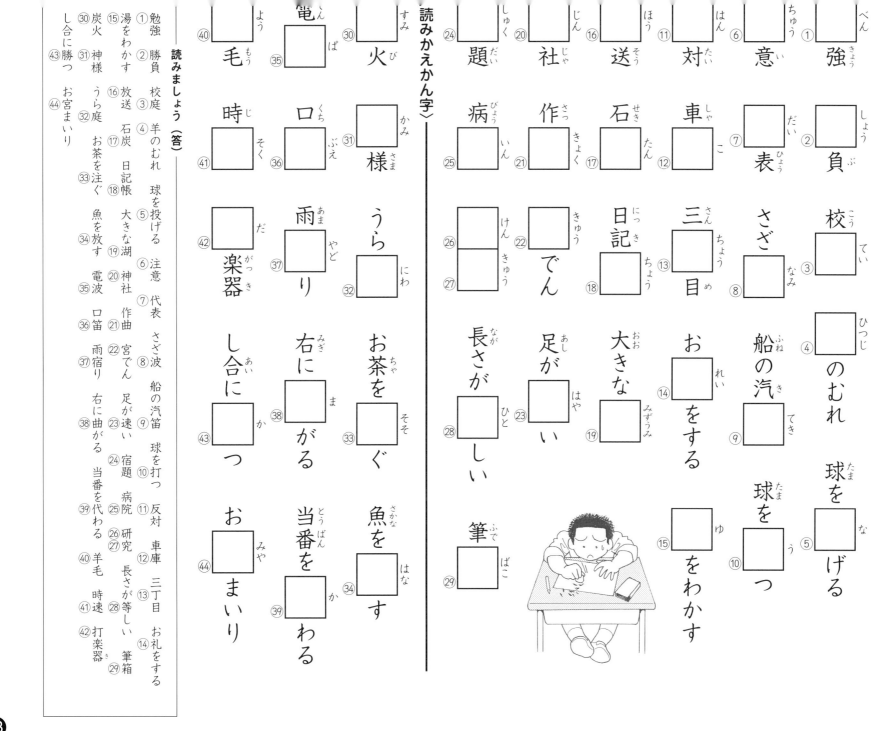

4年

4月～7月

学期べつ漢字まとめくん(1)

名まえ（　　　　）

（　　）点

★どれだけ書けるかな？

①□《かん》係《けい》
②□《き》③□《ぼう》
④□《くん》読《よ》み
⑤□《せい》書《しょ》する
⑥□《と》⑦□《きょう》走《そう》

⑧□《きゅう》食《しょく》
⑨□《けん》⑩□《こう》
⑪□《す》きな人《ひと》
⑫□《し》名《めい》を書《か》く
目《もく》⑬□《てき》

⑭□《じゅん》番《ばん》
⑮□《でん》⑯□《せつ》
⑰□《な》き顔《がお》
⑱□《ゆう》気《き》を出《だ》す
方《ほう》⑲□《ほう》

⑳□《さく》年《ねん》
㉑□《き》㉒□《せつ》
㉓□《れい》をあげる
㉔□《さい》㉕□《しょ》
客《きゃく》㉖□《せき》

㉗□《み》来《らい》
㉘□《ほう》㉙□《たい》
㉚□《ぐん》部《ぶ》に住《す》む
工《く》㉛□《ふう》する
感《かん》㉜□《かく》

㉝□《かなら》ず
㉞□《ぐん》㉟□《たい》
㊱□《はた》をふる
発《はっ》㊲□《たつ》する
市《し》㊳□《みん》

㊴□《しゅく》日《じつ》
㊵□《とく》㊶□《べつ》
三《さん》㊷□《りん》車《しゃ》

㊸□《い》服《ふく》
㊹□《せん》㊺□《そう》
商店《しょうてん》㊻□《がい》

㊼□《ねっ》心《しん》
㊽□《ざい》㊾□《りょう》
日《ひ》㊿□《で》り

読みましょう（答）

①関係　②③希望　④訓読み　⑤清書する　⑥⑦徒競走　⑧給食　⑨⑩健康　⑪好きな人　⑫氏名を書く　⑬目的　⑭順番　⑮⑯伝説　⑰泣き顔　⑱勇気を出す

⑲方法　⑳昨年　㉑㉒季節　㉓例をあげる　㉔㉕最初　㉖客席　㉗未来　㉘㉙包帯　㉚郡部に住む　㉛工夫する　㉜感覚　㉝必ず　㉞㉟軍隊　㊱旗をふる

㊲発達する　㊳市民　㊴祝日　㊵㊶特別　㊷三輪車　㊸衣服　㊹㊺戦争　㊻商店街　㊼熱心　㊽㊾材料　㊿日照り

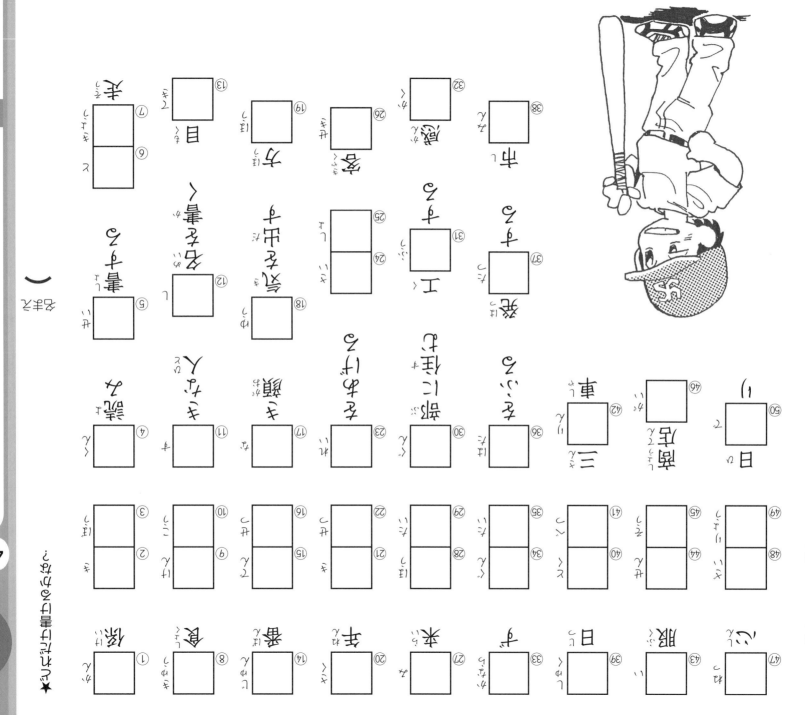

4年

4月〜7月

学期べつ漢字まとめくん(2)

名まえ（　　　　）

点

★どれだけ書けるかな？

①□《いばら》②□《き》県《けん》　③□《とち》木《ぎ》県《けん》　④□《ぐん》馬《ま》県《けん》　⑤□《さい》玉《たま》県《けん》　山《やま》⑥□《なし》県《けん》

⑦□《しず》⑧□《おか》県《けん》　新《にい》⑨□《がた》県《けん》　⑩□《と》山《やま》県《けん》　福《ふく》⑪□《い》県《けん》　⑫□《ぎ》⑬□《ふ》県《けん》

⑭□《し》⑮□《が》県《けん》　大《おお》⑯□《さか》⑰□《ふ》　⑱□《な》⑲□《ら》県《けん》　⑳□《ひょう》庫《ご》県《けん》　㉑□《とく》島《しま》県《けん》

㉒□《え》㉓□《ひめ》県《けん》　㉔□《か》川《がわ》県《けん》　長《なが》㉕□《さき》県《けん》　㉖□《くま》本《もと》県《けん》　㉗□《さ》㉘□《が》県《けん》

㉙□《か》㉚□《ご》島《しま》県《けん》　㉛□《おき》㉜□《なわ》県《けん》　㉝□《かん》㉞□《せい》する　㉟□《よう》㊱□《やく》する

㊲□《あん》内《ない》　国《こく》語《ご》㊳□《じ》㊴□《てん》　野《や》㊵□《さい》

㊶□《かん》客《きゃく》　㊷□《ひ》行《こう》㊸□《き》　矢《や》㊹□《じるし》

㊺□《せん》手《しゅ》　赤《あか》㊻□《しん》号《ごう》　人《じん》㊼□《るい》

㊽□《し》合《あい》　㊾□《はたら》き者《もの》　㊿□《たて》物《もの》

読みましょう（答）

①②茨城県　③栃木県　④群馬県　⑤埼玉県　山⑥梨県　⑦⑧静岡県　新⑨潟県　⑩富山県　福⑪井県　⑫⑬岐阜県　⑭⑮滋賀県　大⑯⑰阪府　⑱⑲奈良県　⑳兵庫県

㉑徳島県　㉒㉓愛媛県　㉔香川県　長㉕崎県　㉖熊本県　㉗㉘佐賀県　㉙㉚鹿児島県　㉛㉜沖縄県　㉝㉞完成する　㉟㊱要約する　㊲案内　国語㊳㊴辞典　野㊵菜　㊶観客

㊷飛行㊸機　矢㊹印　㊺選手　赤㊻信号　人㊼類　㊽試合　㊾働き者　㊿建物

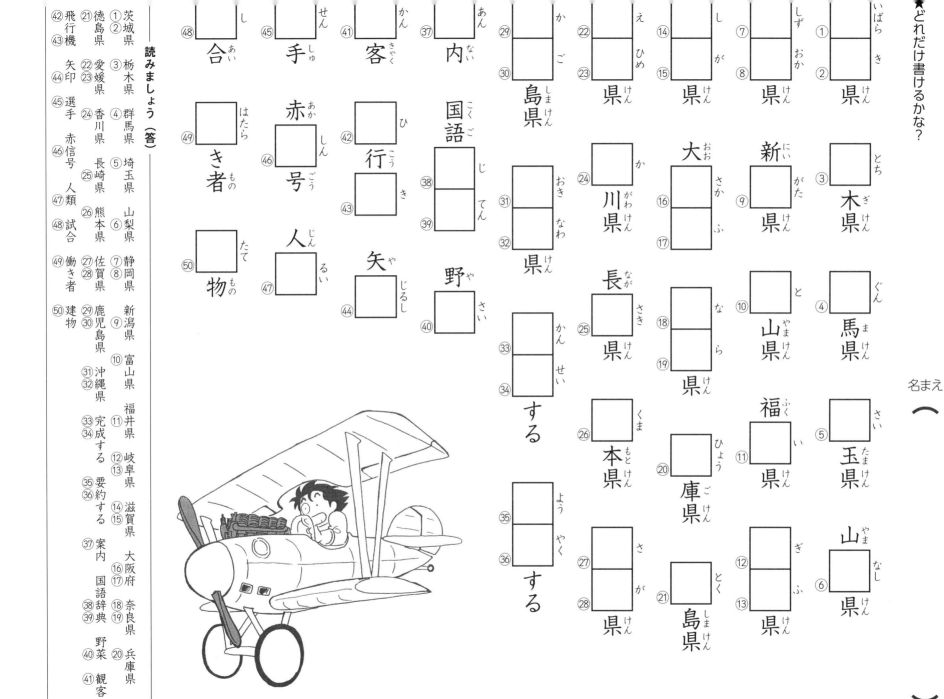

学期別漢字まとめくん(3)

★どれだけ書けるかな？

名まえ（　　　　　）　　点

- 実《じっ》①《けん》　②《まつ》林《ばやし》　③《えい》④《よう》　⑤《さん》歩《ぽ》　分《ぶん》⑥《りょう》　機《き》⑦《かい》化《か》
- 記《き》⑧《ろく》　⑨《そつ》業《ぎょう》　⑩《けっ》⑪《か》　⑫《まん》足《ぞく》　命《めい》⑬《れい》　放《ほう》⑭《か》後《ご》
- 結《けつ》⑮《まつ》　⑯《けっ》席《せき》　⑰《ざん》⑱《ねん》　⑲《うめ》酒《しゅ》　金《きん》⑳《か》　海《かい》水《すい》㉑《よく》
- 右《う》㉒《せつ》　㉓《ぎょ》業《ぎょう》　㉔《さん》㉕《か》　㉖《しゅ》類《るい》　夕《ゆう》㉗《はん》　交《こう》㉘《さ》点《てん》
- 子《し》㉙《そん》　㉚《へん》化《か》　㉛《れん》㉜《ぞく》　㉝《し》会《かい》　風《ふう》㉞《けい》　㉟《はく》物《ぶつ》館《かん》
- 反《はん》㊱《せい》　㊲《とう》台《だい》　㊳《べん》㊴《り》　㊵《わら》う　選《せん》㊶《きょ》　水《すい》道《どう》㊷《かん》
- 直《ちょっ》㊸《けい》　㊹《かい》良《りょう》　㊺《ふく》大《だい》㊻《じん》　㊼《い》㊽《ち》につく　㊾《そこ》が㊿《あさ》い
- 面《めん》(51)《せき》　(52)《なか》間《ま》　(53)《ふ》思《し》(54)《ぎ》　南《なん》(55)《きょく》　本《ほん》を(56)《か》りる
- 当《とう》(57)《ぜん》　(58)《い》上《じょう》　発《はっ》(59)《が》する　一《いっ》(60)《しゅう》回《まわ》る　(61)《たん》行《こう》本《ぼん》
- 園《えん》(62)《げい》　(63)《む》理《り》　(64)《きょう》力《りょく》する　日《ひ》に(65)《や》ける

読みましょう（答）

①実験 ②松林 ③栄④養 ⑤散歩 ⑥分量 ⑦機械化 ⑧記録 ⑨卒業 ⑩結⑪果 ⑫満足 ⑬命令 ⑭放課後 ⑮結末 ⑯欠席 ⑰残⑱念 ⑲梅酒 ⑳金貨 ㉑海水浴
㉒右折 ㉓漁業 ㉔参㉕加 ㉖種類 ㉗夕飯 ㉘交差点 ㉙子孫 ㉚変化 ㉛連㉜続 ㉝司会 ㉞風景 ㉟博物館 ㊱反省 ㊲灯台 ㊳便㊴利 ㊵笑う ㊶選挙 ㊷水道管
㊸直径 ㊹改良 ㊺副大㊻臣 ㊼位㊽置につく ㊾底が㊿浅い (51)面積 (52)仲間 (53)不思(54)議 (55)南極 (56)本を借りる (57)当然 (58)以上 (59)発芽する (60)一周回る
(61)単行本 (62)園芸 (63)無理 (64)協力する (65)日に焼ける

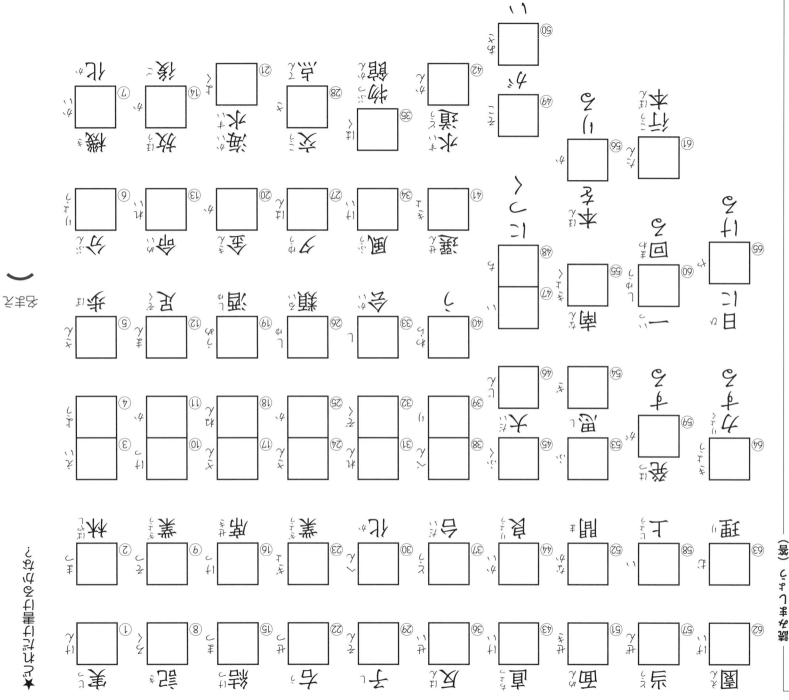

4年

1月〜3月

学期別漢字まとめくん(4)

点

〈どれだけ書けるかな?〉

名まえ(　　　　)

①□《そう》庫《こ》　②□《ど》力《りょく》　成《せい》③□《こう》　観《かん》④□《さつ》　一《いっ》⑤□《ちょう》円《えん》　二《に》⑥□《おく》人《にん》

⑦□《ぼく》場《じょう》　⑧□《ふ》録《ろく》　印《いん》⑨□《さつ》　最《さい》⑩□《てい》　⑪□《こ》定《てい》する　望《ぼう》遠《えん》⑫□《きょう》

⑬□《きょう》通《つう》　⑭□《ろう》人《じん》　約《やく》⑮□《そく》　政《せい》⑯□《じ》　寒《かん》⑰□《れい》な気《き》⑱□《こう》

⑲□《かく》地《ち》　周《しゅう》⑳□《へん》　㉑□《ちゃく》陸《りく》　お㉒□《ねが》い　投《とう》㉓□《ひょう》する

㉔□《えい》語《ご》　目《もく》㉕□《ひょう》　名《な》㉖□《ふだ》　合《がっ》㉗□《しょう》隊《たい》　打《だ》楽《がっ》㉘□《き》

㉙□《そく》面《めん》　食《しょく》㉚□《えん》　災《さい》㉛□《がい》　生《せい》㉜□《さん》地《ち》　けいさつ㉝□《かん》

㉞□《しっ》㉟□《ぱい》　要《よう》㊱□《きゅう》　苦《く》㊲□《ろう》　鳥《とり》の㊳□《す》

〈読みかえ漢字〉

㊴□《ひく》い　花《はな》㊵□《たば》　㊶□《つめ》たい　㊷□《もと》める　犬《いぬ》が㊸□《う》まれる

㊹□《しな》う　海《うみ》㊺□《べ》　千《せん》円《えん》㊻□《さつ》　名《な》㊼□《づ》ける　きずが㊽□《なお》る

読みましょう(答)

① 倉庫　② 努力　③ 成功　④ 観察　⑤ 一兆円　⑥ 二億人　⑦ 牧場　⑧ 付録　⑨ 印刷　⑩ 最低　⑪ 固定する　⑫ 望遠鏡　⑬ 共通　⑭ 老人　⑮ 約束　⑯ 政《せい》治

⑰ 寒冷な気⑱候　⑲ 各地　⑳ 周辺　㉑ 着陸　㉒ お願い　㉓ 投票する　㉔ 英語　㉕ 目標　㉖ 名札　㉗ 合唱隊　㉘ 打楽器　㉙ 側面　㉚ 食塩　㉛ 災《さい》害　㉜ 生産地

けいさつ㉝官　㉞ 失㉟敗　要㊱求　苦㊲労　鳥の㊳巣　㊴ 低い　花㊵束　㊶ 冷たい　㊷ 求める　犬が㊸産まれる　㊹ 失う　海㊺辺　千円㊻札　名㊼付ける

きずが㊽治る

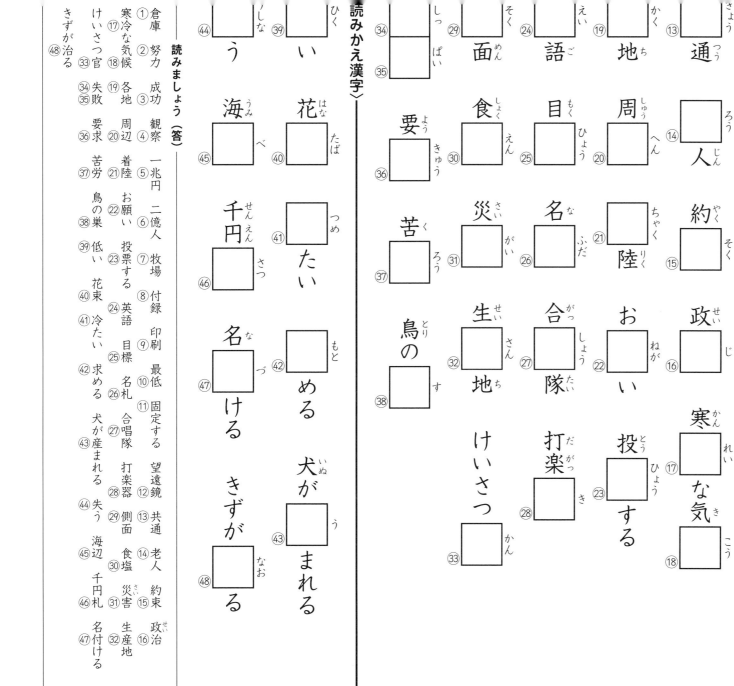

学期別漢字まとめくん(1)

名まえ（　　　　）　　点

★どれだけ書けるかな？

内《ない》①《よう》　②《しつ》問《もん》　③《きょ》④《か》

順《じゅん》⑦《じょ》　⑧《こう》成《せい》　⑨《ぎ》⑩《じゅつ》

理《り》⑬《かい》　⑭《てき》当《とう》　⑮《ぼう》⑯《さい》

成《せい》⑲《せき》　⑳《のう》力《りょく》　㉑《じょう》㉒《しき》

表《ひょう》㉕《じょう》　㉖《とく》意《い》　㉗《げん》㉘《ざい》

性《せい》㉛《かく》　㉜《たい》度《ど》　㉝《ほう》㉞《こく》

俳《はい》㉟《く》　㊱《こう》海《かい》　㊲《じゅん》㊳《び》

計《けい》㊴《そく》　㊵《せっ》定《てい》　㊶《あつ》い本《ほん》

直《ちょく》㊷《せつ》　㊸《し》育《いく》　鉄《てっ》㊹《こう》石《せき》

国《こく》⑤《さい》的《てき》　⑥《ぜっ》対《たい》的《てき》な力《ちから》

⑪《そう》合《ごう》的《てき》　⑫《おう》用《よう》する

週《しゅう》⑰《かん》誌《し》　⑱《しゅう》理《り》する

参《さん》加《か》㉓《しょう》　㉔《きん》止《し》する

㉙《さくら》の花《はな》　約《やく》束《そく》を㉚《やぶ》る

読みましょう（答）

①内容　②質問　③④許可　⑤国際的　⑥絶対的な力　⑦順序　⑧構成　⑨⑩技術　⑪総合的　⑫応用する　⑬理解　⑭適当　⑮⑯防災　⑰週刊誌《し》　⑱修理する

⑲成績　⑳能力　㉑㉒常識　㉓参加賞　㉔禁止する　㉕表情　㉖得意　㉗㉘現在　㉙桜の花　㉚約束を破る　㉛性格　㉜態度　㉝㉞報告　㉟俳《はい》句　㊱航海　㊲㊳準備

㊴計測　㊵設定　㊶厚い本　㊷直接　㊸飼育　㊹鉄鉱石

5年

4月～7月

学期別漢字まとめくん(2)

★どれだけ書けるかな？

名まえ（　　　　）

点

①□《しゅつ》語《ご》
②□《ぼう》③□《えき》
金《きん》④□《ぞく》
お⑤□《べん》当《とう》
柱《はしら》で⑥□《ささ》える

⑦□《きょう》味《み》
⑧□《けん》⑨□《さ》
校《こう》⑩□《しゃ》
⑪□《ひ》公開《こうかい》
本《ほん》を⑫□《か》し出《だ》す

⑬□《かく》実《じつ》
⑭□《どう》⑮□《ぞう》
住《じゅう》⑯□《きょ》
⑰□《に》合《あ》う
一時《いちじ》⑱□《てい》止《し》

⑲□《ふく》数《すう》
⑳□《さん》㉑□《そ》
銀《ぎん》㉒□《が》
新《しん》㉓□《かん》線《せん》
㉔□《か》去《こ》のできごと

㉕□《し》料集《りょうしゅう》
㉖□《おう》㉗□《ふく》
出《しゅつ》㉘□《えん》
自己主《じこしゅ》㉙□《ちょう》
㉚□《へん》集《しゅう》の仕事《しごと》

㉛□《い》動《どう》
㉜□《こん》㉝□《ざつ》
清《せい》㉞□《けつ》

㉟□《せい》品《ひん》
㊱□《ぶ》㊲□《し》
原《げん》㊳□《いん》

㊴□《ひ》料《りょう》
㊵□《りゅう》学生《がくせい》
省《しょう》㊶□《りゃく》

㊷□《ぼう》力《りょく》
責《せき》㊸□《にん》者《しゃ》
印《いん》㊹□《しょう》に残《のこ》る

読みましょう（答）

①述語 ②③貿易 ④金属 ⑤お弁当 ⑥柱で支える ⑦興味 ⑧⑨検査 ⑩校舎 ⑪非公開 ⑫本を貸し出す ⑬確実 ⑭⑮銅像 ⑯住居 ⑰似合う ⑱一時停止 ⑲複数 ⑳㉑酸素 ㉒銀河 ㉓新幹線 ㉔過去のできごと ㉕資料集 ㉖㉗往復 ㉘出演 ㉙自己《こ》主張 ㉚編集の仕事 ㉛移動 ㉜㉝混雑 ㉞清潔 ㉟製品 ㊱㊲武士 ㊳原因 ㊴肥料 ㊵留学生 ㊶省略 ㊷暴力 ㊸責《せき》任者 ㊹印象に残る

学期別漢字まとめくん(3)

名まえ（　　　　）　　点

★どれだけ書けるかな？

①□《ちょ》金《きん》　②③□□《れき し》　環《かん》④□《きょう》を保《ほ》⑤□《ご》する

⑥□《あつ》力《りょく》　⑦⑧□□《じょう けん》　⑨□《か》説《せつ》を立《た》てる

⑩□《そ》先《せん》　⑪⑫□□《ひょう か》　新《しん》⑬□《きゅう》二《ふた》つの道《みち》

⑭□《はん》画《が》　金《きん》⑮□《がく》　道《みち》に⑯□《まよ》う

⑰□《しょう》言《げん》　感《かん》⑱□《しゃ》　⑲□《ゆめ》を見《み》る

⑳□《けい》験《けん》　夫《ふう》㉑□《ふ》　二《に》十《じっ》世《せい》㉒□《き》　画《が》家《か》を㉓□《こころざ》す　対《たい》㉔□《ひ》する

㉕□《じょう》態《たい》　山《さん》㉖□《みゃく》　㉗□《こう》果《か》的《てき》　㉘□《ざい》産《さん》を㉙□《き》付《ふ》する

㉚□《さん》成《せい》　消《しょう》㉛□《どく》　㉜□《はか》参《まい》り　見《み》㉝□《ごろ》し　㉞□《よ》分《ぶん》なお金《かね》

㉟□《えい》業《ぎょう》　建《けん》㊱□《ちく》　㊲□《しょく》員《いん》室《しつ》　㊳□《どく》立《りつ》国《こく》　人《じん》口《こう》の分《ぶん》㊴□《ぷ》

読みましょう（答）

①貯金　②歴史　③環《かん》境を保護する　⑥圧力　⑦⑧条件　⑨仮説を立てる　⑩祖先　⑪⑫評価　新旧⑬二つの道　⑭版画　金額⑮　道に迷う⑯　⑰証言　感謝⑱

⑲夢を見る　⑳経験　夫婦㉑　二十世紀㉒　画家を志す㉓　対比する㉔　㉕状態　山脈㉖　㉗効果的　㉘財産を寄付する㉙　㉚賛成　消毒㉛　㉜墓参り

㉝見殺し　㉞余分なお金　㉟営業　建築㊱　㊲職員室　㊳独立国　人口の分布㊴

5年

8月～12月

学期別漢字まとめくん⑷

★どれだけ書けるかな？

名まえ（　　　　）

点

①□《はん》②□《だん》力《りょく》　③□《ぞう》加《か》と④□《げん》少《しょう》　伝《でん》⑤□《とう》

⑥□《えい》⑦□《きゅう》　友達《ともだち》と⑧□《さい》会《かい》する　大《おお》⑨□《ぜい》

⑩□《はん》⑪□《ざい》をおかす　⑫□《こ》人的《じんてき》　血《けつ》⑬□《えき》　仏《ぶつ》⑭□《ぞう》をほる

⑮□《き》⑯□《そく》を守《まも》る　⑰□《まず》しい　⑱□《ぎゃく》転《てん》する　⑲□《き》本的《ほんてき》

⑳□《せき》任《にん》をもつ　取《と》り㉑□《かこ》む　㉒□《しょう》待《たい》する　㉓□《げん》定的《ていてき》

㉔□《がん》科《か》に通《かよ》う　正《せい》㉕□《ぎ》の味方《みかた》　㉖□《こう》演会《えんかい》　キュリー夫《ふ》㉗□《さい》

㉘□《じゅ》業《ぎょう》を受《う》ける　国《くに》の㉙□《せい》治《じ》　交通事《こうつうじ》㉚□《こ》　㉛□《きゅう》急車《きゅうしゃ》

平《へい》㉜□《きん》点《てん》　学校《がっこう》の教《きょう》㉝□《し》　その㉞□《てい》度《ど》　㉟□《せい》力的《りょくてき》に動《うご》く

写真《しゃしん》を㊱□《てい》㊲□《じ》する　金庫《きんこ》に㊳□《ほ》管《かん》する　組《そ》㊴□《しき》を作《つく》る

読みましょう（答）

①②判断力　③増加と④減少　伝⑤統　⑥⑦永久　友達と⑧再会する　大⑨勢　⑩⑪犯罪をおかす　⑫個人的　血⑬液　仏⑭像をほる　⑮⑯規則を守る　⑰貧しい

⑱逆転する　⑲基本的　⑳責任をもつ　取り㉑囲む　㉒招待する　㉓限定的　㉔眼科に通う　正㉕義の味方　㉖講演会　キュリー夫㉗妻

㉘授業を受ける　国の㉙政治　交通事㉚故　㉛救急車　平㉜均点　学校の教㉝師　その㉞程度　㉟精力的に動く　写真を㊱㊲提示する

金庫に㊳保管する　組㊴織を作る

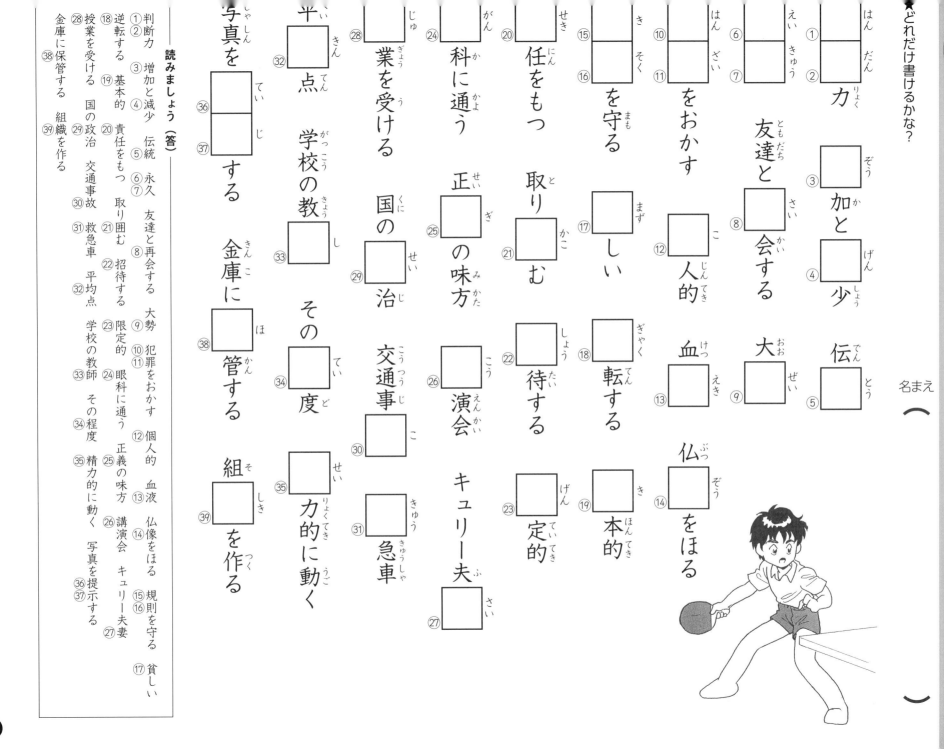

5年 1月〜3月

学期別漢字まとめくん(5)

★どれだけ書けるかな？

名まえ（　　　　）

（　　　）点

木《もく》①□《ぞう》の家《いえ》　②□《わた》毛《げ》　可能《かのう》③□《せい》　食《しょく》④□《どう》　スギの花《か》⑤□《ふん》

人工《じんこう》⑥□《えい》星《せい》　⑦□《そん》害《がい》　⑧□《だん》体戦《たいせん》　習《しゅう》⑨□《かん》　こん虫《ちゅう》⑩□《さい》集《しゅう》

畑《はたけ》を⑪□《たがや》す　⑫□《ほう》作《さく》　事《じ》⑬□《む》室《しつ》　利《り》⑭□《えき》

国《くに》の⑮□《りょう》土《ど》　⑯□《かい》晴《せい》　大《おお》⑰□《よろこ》び　確《かく》⑱□《りつ》

消《しょう》⑲□《ひ》⑳□《ぜい》　㉑□《ねん》料《りょう》　小《こ》㉒□《がた》船《せん》　危《き》㉓□《けん》

木《き》の㉔□《えだ》　㉕□《ゆ》出品《しゅっぴん》　指《し》㉖□《どう》者《しゃ》　㉗□《せい》限《げん》

〈読みかえ漢字〉

道《みち》が㉘□《けわ》しい　人《ひと》を㉙□《みちび》く　㉚□《ゆた》かな国《くに》

司会《しかい》を㉛□《つと》める　㉜□《こな》ミルク　㉝□《めん》糸《し》

火《ひ》を㉞□《も》やす　体《からだ》を㉟□《な》らす　農《のう》㊱□《こう》がさかん

読みましょう（答）

木造の家　①　②綿毛　可能性　③　④食堂　スギの花粉　⑤　人工衛星　⑥　⑦損害　⑧団体戦　習慣　⑨　こん虫採集　⑩　畑を耕す　⑪　⑫豊作　事務室　⑬　利益　⑭

国の領土　⑮　⑯快晴　大喜び　⑰　⑱確率　消費税　⑲⑳　㉑燃料　小型船　㉒　危険　㉓　木の枝　㉔　㉕輸出品　指導者　㉖　㉗制限　道が険しい　㉘　人を導く　㉙

㉚豊かな国　司会を務める　㉛　㉜粉ミルク　㉝綿糸　火を燃やす　㉞　体を慣らす　㉟　農耕がさかん　㊱

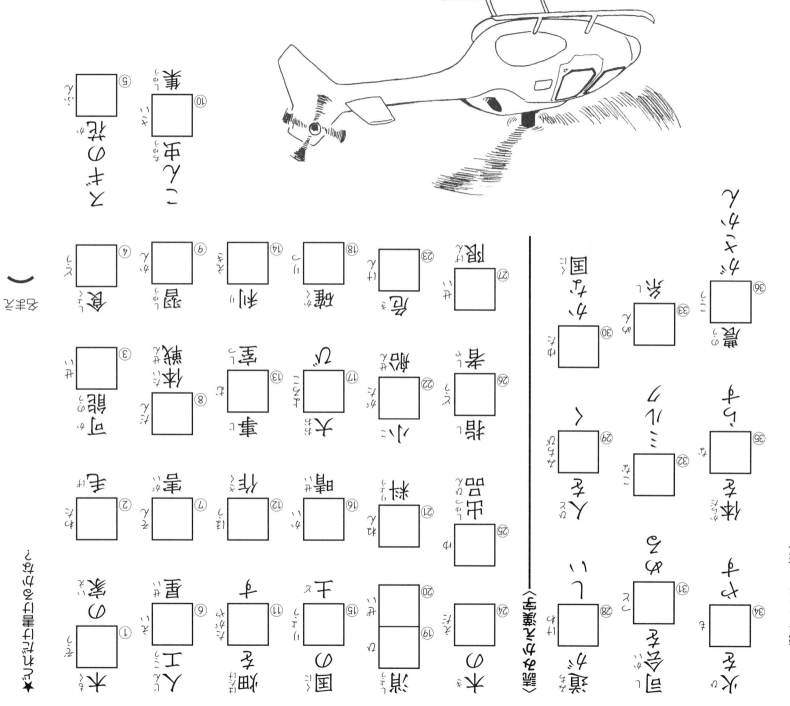

6年

4月〜7月

学期別漢字まとめくん(1)

★どれだけ書けるかな？

名まえ（　　　）

点

- 困《こん》[①]《なん》
- [②]《ほう》問《もん》
- [③]《う》[④]《ちゅう》旅行《りょこう》
- 地《ち》[⑤]《そう》
- [⑥]《われ》々《われ》
- [⑦]《むね》と[⑧]《はら》
- 分《ぶん》[⑨]《かつ》
- [⑩]《も》様《よう》
- [⑪]《けい》察《さつ》[⑫]《しょ》
- 法《ほう》[⑬]《りつ》
- [⑭]《げん》重《じゅう》
- あなたと[⑮]《わたし》
- 松《まつ》[⑯]《なみ》木《き》
- 暗《あん》[⑰]《まく》
- 階《かい》[⑱]《だん》
- [⑲]《すな》場《ば》
- 精《せい》[⑳]《みつ》機械《きかい》
- 市《し》[㉑]《ちょう》舎《しゃ》
- 散《さん》[㉒]《らん》する
- 発《はっ》[㉓]《てん》
- [㉔]《しょ》理《り》
- 詩《し》の[㉕]《そう》作《さく》
- 夕《ゆう》[㉖]《ぐ》れ
- 湖《みずうみ》の[㉗]《かん》拓《たく》
- 所《しょ》[㉘]《ぞう》
- [㉙]《しゅう》職《しょく》
- 電車《でんしゃ》を[㉚]《お》りる
- [㉛]《せん》面所《めんじょ》
- [㉜]《たん》検《けん》する
- 金《きん》[㉝]《せん》
- [㉞]《しお》風《かぜ》
- 意見《いけん》が[㉟]《こと》なる
- [㊱]《みと》める
- 乗車《じょうしゃ》[㊲]《けん》
- 立《りっ》[㊳]《ぱ》
- [㊴]《ご》解《かい》
- [㊵]《い》[㊶]《ちょう》の病気《びょうき》
- [㊷]《おん》返《がえ》し
- 言《い》い[㊸]《わけ》

読みましょう（答）

①困難 ②訪問 ③④宇宙旅行 ⑤地層 ⑥我々 ⑦胸と ⑧腹 ⑨分割 ⑩模様 ⑪警察 ⑫署 ⑬法律 ⑭厳重 ⑮あなたと私 ⑯松並木 ⑰暗幕 ⑱階段 ⑲砂場 ⑳精密機械 ㉑市庁舎 ㉒散乱する ㉓発展 ㉔処理 ㉕詩の創作 ㉖夕暮れ ㉗湖の干拓《たく》 ㉘所蔵 ㉙就職 ㉚電車を降りる ㉛洗面所 ㉜探検する ㉝金銭 ㉞潮風 ㉟意見が異なる ㊱認める ㊲乗車券 ㊳立派 ㊴誤解 ㊵㊶胃腸の病気 ㊷恩返し ㊸言い訳

6年 4月～7月

学期別漢字まとめくん(2)

★どれだけ書けるかな？

名まえ（　　　　）　点

① □《かん》単《たん》
② □《けい》語《ご》
③ 地《ち》□《いき》
④ □《わす》れ物《もの》
⑤ 五《ご》□《さつ》の本《ほん》
⑥ □《しょう》知《ち》
⑦ □《すい》直《ちょく》
⑧ □《とう》論《ろん》
⑨ 対《たい》□《さく》
⑩ □《つくえ》の中《なか》
⑪ □《あな》が空《あ》く
⑫ □《てい》供《きょう》
⑬ □《じゅ》木《もく》
⑭ □《ほ》欠《けつ》
⑮ 反《はん》□《しゃ》
⑯ □《たまご》焼《や》き
⑰ □《えん》岸《がん》漁《ぎょ》業《ぎょう》
⑱ □《すい》理《り》
⑲ □《ぎ》問《もん》
⑳ □《ざ》席《せき》
㉑ 時《じ》□《こく》
㉒ □《さい》判《ばん》所《しょ》
㉓ □《じょ》雪《せつ》作《さ》業《ぎょう》
㉔ □《じょう》発《はつ》
㉕ □《えい》画《が》
㉖ 頭《ず》□《のう》
㉗ 心《しん》□《ぞう》
㉘ □《はい》活《かつ》量《りょう》
㉙ □《した》つづみ
㉚ □《し》勢《せい》
㉛ □《うら》側《がわ》
㉜ 単《たん》□《じゅん》
㉝ 感《かん》□《げき》
㉞ □《し》力《りょく》
㉟ 牛《ぎゅう》□《にゅう》
㊱ 服《ふく》□《そう》
㊲ □《しょう》害《がい》
㊳ 住《じゅう》□《たく》
㊴㊵ □《せ》□《ぼね》
㊶ □《そん》在《ざい》
㊷ 資《し》□《げん》
㊸㊹ □《こ》□《きゅう》

読みましょう（答）

①簡単　②敬語　③地域　④忘れ物　⑤五冊の本　⑥承知　⑦垂直　⑧討論　⑨対策　⑩机の中　⑪穴が空く　⑫提供　⑬樹木　⑭補欠　⑮反射　⑯卵焼き　⑰沿岸漁業　⑱推理　⑲疑問　⑳座席　㉑時刻　㉒裁判所　㉓除雪作業　㉔蒸発　㉕映画　㉖頭脳　㉗心臓　㉘肺活量　㉙舌つづみ　㉚姿勢　㉛裏側　㉜単純　㉝感激　㉞視力　㉟牛乳　㊱服装　㊲障害　㊳住宅　㊴背　㊵骨　㊶存在　㊷資源　㊸呼　㊹吸

6年 8月〜12月

学期別漢字まとめくん(3)

点

名まえ（　　　）

★どれだけ書けるかな？

① □《じゅく》語《ご》
② □《そん》敬《けい》語《ご》
③④ □《ちゅう》□《せい》をちかう

⑤ □《よく》日《じつ》
⑥ □《へい》会《かい》式《しき》
⑦ □《せい》火《か》ランナー

⑧ □《しゅく》図《ず》
⑨ □《かく》大《だい》図《ず》
⑩ □《てき》と味《み》方《かた》

⑪ □《けん》利《り》
⑫ □《きず》つく
⑬ □《かいこ》を飼《か》う

⑭ □《りん》時《じ》
⑮ □《ひ》定《てい》的《てき》
⑯ □《えん》長《ちょう》戦《せん》
⑰ □《はん》長《ちょう》
⑱ 世《せ》界《かい》□《い》産《さん》

⑲ □《しゅう》入《にゅう》
⑳ □《おさな》い妹《いもうと》
㉑ □《き》重《ちょう》品《ひん》
㉒ □《じん》愛《あい》
㉓ □《すん》法《ぽう》を測《はか》る

㉔ □《ちん》金《ぎん》
㉕ □《ばん》ご飯《はん》
㉖ □《ゆう》便《びん》局《きょく》
㉗ □《こう》茶《ちゃ》
㉘ 物語《ものがたり》の□《ちょ》者《しゃ》

㉙ □《きん》務《む》
㉚ □《せん》門《もん》家《か》
㉛ □《ひ》判《はん》する
㉜ □《きぬ》糸《いと》
㉝ 指示《しじ》に□《したが》う

㉞ □《のう》税《ぜい》
㉟ □《たて》書《が》き
㊱ □《ゆう》勝《しょう》する
㊲ □《き》険《けん》
㊳ □《まい》数《すう》を数《かぞ》える

読みましょう（答）

① 熟語 ② 尊敬語 ③ 忠誠 ④ をちかう ⑤ 翌日 ⑥ 閉会式 ⑦ 聖火ランナー ⑧ 縮図 ⑨ 拡大図 ⑩ 敵と味方 ⑪ 権利 ⑫ 傷つく ⑬ 蚕を飼う ⑭ 臨時 ⑮ 否定的 ⑯ 延長戦 ⑰ 班長 世界⑱遺産 ⑲ 収入 ⑳ 幼い妹 ㉑ 貴重品 ㉒ 仁愛 ㉓ 寸法を測る ㉔ 賃金 ㉕ 晩ご飯 ㉖ 郵便局 ㉗ 紅茶 物語の㉘著者 ㉙ 勤務 ㉚ 専門家 ㉛ 批判する ㉜ 絹糸 指示に㉝従う ㉞ 納税 ㉟ 縦書き ㊱ 優勝する ㊲ 危険 ㊳ 枚数を数える

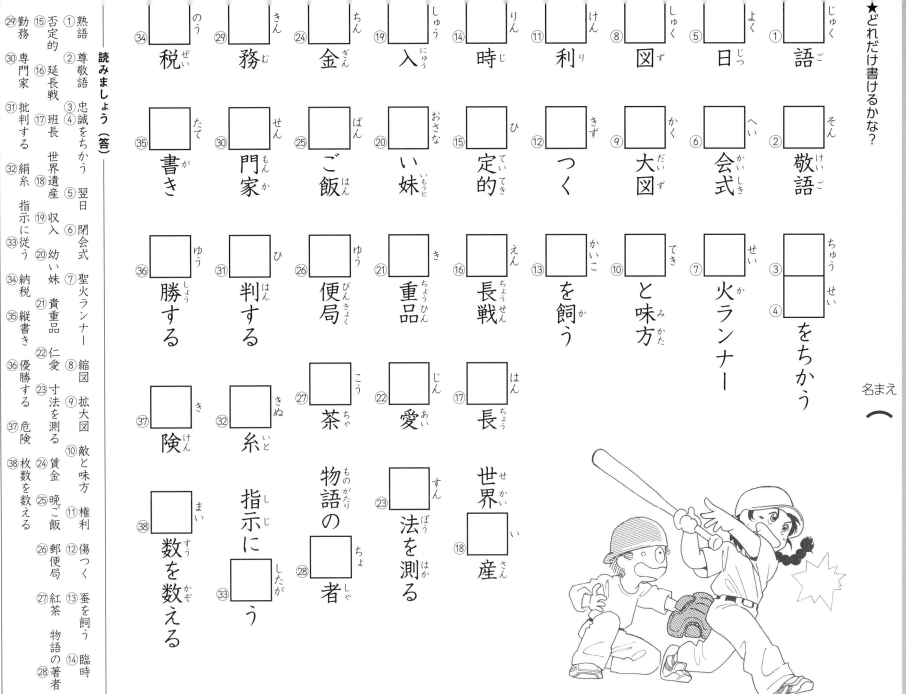

学期別漢字まとめくん(4)

★どれだけ書けるかな？

名まえ（　　　　）

点

親《おや》①□《こう》行《こう》　温《おん》②□《せん》　ごみを③□《す》てる　④□《よ》金《きん》する　⑤□《げき》場《じょう》

一《いち》⑥□《らん》表《ひょう》　雑《ざっ》⑦□《し》　本《ほん》を⑧□《とど》ける　⑨□《はい》見《けん》する　⑩□《ひ》密《みつ》

加《か》⑪□《めい》国《こく》　鉄《てつ》⑫□《ぼう》　黒《くろ》く⑬□《そ》まる　⑭□《かん》病《びょう》する　⑮□《きん》肉《にく》

鉄《てっ》⑯□《こう》業《ぎょう》　頭《ず》⑰□《つう》　自《じ》⑱□《こ》主張《しゅちょう》　⑲□《わか》い先生《せんせい》　⑳□《たん》任《にん》

温《おん》㉑□《だん》化《か》　米《こめ》㉒□《だわら》　㉓□《も》り上《あ》がる　死《し》㉔□《ぼう》する　㉕□《こま》る

指《し》㉖□《き》者《しゃ》　引《いん》㉗□《たい》　ガラス㉘□《まど》　改《かい》㉙□《ぜん》する

演《えん》㉚□《そう》会《かい》　砂《さ》㉛□《とう》　山《やま》の㉜□《ちょう》上《じょう》

㉝□《たから》くじ　結《けっ》㉞□《ろん》　㉟□《し》急伝《きゅうつた》える

銀河《ぎんが》㊱□《けい》　体《たい》㊲□《そう》　㊳□《まき》㊴□《じゃく》で測《はか》る

読みましょう（答）

①親孝行　②温泉　③ごみを捨てる　④預金する　⑤劇場　⑥一覧表　⑦雑誌　⑧本を届ける　⑨拝見する　⑩秘密　⑪加盟国　⑫鉄棒　⑬黒く染まる
⑭看病する　⑮筋肉　⑯鉄鋼業　⑰頭痛　⑱自己主張　⑲若い先生　⑳担任　㉑温暖化　㉒米俵　㉓盛り上がる　㉔死亡する　㉕困る　㉖指揮者　㉗引退
㉘ガラス窓　㉙改善する　㉚演奏会　㉛砂糖　㉜山の頂上　㉝宝くじ　㉞結論　㉟至急伝える　㊱銀河系　㊲体操　㊳㊴巻尺で測る

6年 学期別漢字まとめくん(5)

1月～3月

★どれだけ書けるかな？

名まえ（　　　）　　点

①□《はい》句《く》　意《い》②□《よく》　③□《しょう》来《らい》　つり④□《ばり》　アジア⑤□《しょ》国《こく》

⑥□《じ》石《しゃく》　価《か》⑦□《ち》　⑧□《はい》色《いろ》　⑨□《たん》生日《じょうび》　⑩□《けん》法記念日《ぽうきねんび》

⑪□《こく》物《もつ》　興《こう》⑫□《ふん》　故《こ》⑬□《きょう》　⑭□《かた》仮名《かな》　⑮□《こう》⑯□《ごう》⑰□《へい》下《か》

⑱□《しゅう》教《きょう》　改《かい》⑲□《かく》　経《けい》⑳□《ざい》　作《さく》㉑□《し》作曲《さっきょく》　群《ぐん》㉒□《しゅう》

㉓□《ろう》読《どく》　政《せい》㉔□《とう》　内《ない》㉕□《かく》　㉖□《かぶ》式会社《しきがいしゃ》　㉗□《せん》伝《でん》する

〈読みかえ漢字〉

㉘□《じゅう》業員《ぎょういん》　歯《は》が㉙□《いた》い　品物《しなもの》を㉚□《おさ》める　試合《しあい》が㉛□《の》びる

㉜□《とうと》い命《いのち》　㉝□《よ》い行《おこな》い　成功《せいこう》を㉞□《おさ》める　差《さ》が㉟□《ちぢ》まる

負《ふ》㊱□《しょう》者《しゃ》　㊲□《いずみ》がわく　会社《かいしゃ》に㊳□《つと》める　㊴□《あぶ》ない場所《ばしょ》

読みましょう（答）

①俳句　②意欲　③将来　④つり針　⑤アジア諸国　⑥磁石　⑦価値　⑧灰色　⑨誕生日　⑩憲法記念日　⑪穀物　⑫興奮　⑬故郷　⑭片仮名　⑮⑯⑰皇后陛下

⑱宗教　⑲改革　⑳経済　㉑作詞作曲　㉒群衆　㉓朗読　㉔政党　㉕内閣　㉖株式会社　㉗宣伝する　㉘従業員　㉙歯が痛い　㉚品物を納める

㉛試合が延びる　㉜尊い命　㉝善い行い　㉞成功を収める　㉟差が縮まる　㊱負傷者　㊲泉がわく　㊳会社に勤める　㊴危ない場所

定価 2200 円
（税別）
注文カード
書店名
2200 円（税別）
部数　冊
書名　小学校でならう1026字漢字ワークシート集
「全学年 漢字まとめくん」
出版社　株式会社騒人社
著者　向山洋一（監修）
定価 2200 円
（税別）
9784882900900
ISBN978-4-88290-0900
C8537 ¥2200E

Lesson 4

— 漢字総まとめくん —

かんじ そうまとめくん 50もん(1)

★一ねんせいのかんじが ぜんぶかけるかな？

なまえ（　　　　）

① □ いち
② □ に
③ □ さん
④ □ し
⑤ □ ご
⑥ □ ろく
⑦ □ しち
⑧ □ はち
⑨ □ きゅう
⑩ □ じゅう
⑪ □ ひゃく
⑫ □ せん
⑬ □ もり
⑭ □ はやし
⑮ □ やま
⑯ □ かわ
⑰ □ き
⑱ □ くさ
⑲ □ はな
⑳ □ てん
㉑ □ そら
㉒ □ つき
㉓㉔ □□ ゆうひ
㉕ □ いし
㉖ □ うえ
㉗ □ した
㉘ □ まち
㉙ □ むら
㉚㉛ □□ すいしゃ
㉜㉝ □□ こびと
㉞ □ あめ の ㉟ □ おと
㊱㊲ □□ がっこう
㊳ □ おとこ の ㊴㊵ □□ せんせい
㊶ □ おんな の ㊷ □ こ
㊸ □ な ふだ
㊹ □ かね もち
㊺ □ き もち
㊻ □ ただ しい
㊼ □ で る
㊽ □ はい る
㊾ □ み る
㊿ □ やす む

よみましょう（答）

①一 ②二 ③三 ④四 ⑤五 ⑥六 ⑦七 ⑧八 ⑨九 ⑩十 ⑪百 ⑫千 ⑬森 ⑭林 ⑮山 ⑯川 ⑰木 ⑱草 ⑲花 ⑳天 ㉑空 ㉒月 ㉓夕 ㉔日 ㉕石 ㉖上 ㉗下 ㉘町 ㉙村 ㉚水 ㉛車 ㉜小 ㉝人 ㉞雨 ㉟音 ㊱学 ㊲校 ㊳男 ㊴先 ㊵生 ㊶女 ㊷子 ㊸名 ㊹金 ㊺気 ㊻正 ㊼出 ㊽入 ㊾見 ㊿休

（　　　　）

売上　月　日
小学校でならう「全学年 漢字」
株式会社騒人社
ISBN978-4-88290-

1年

かんじ そうまとめくん 50もん(2)

なまえ（　　　　）

てん

★一ねんせいのかんじが　ぜんぶかけるかな？

①□《あお》 ②□《あか》 ③□《しろ》 ④□《きん》 ⑤□《てん》⑥□《き》 ⑦□《かい》

⑧□《せん》⑨□《にん》 ⑩□《ひゃく》⑪□《えん》⑫□《だま》 ⑬□《はな》⑭□《び》 ⑮□《いぬ》

⑯□《め》 ⑰□《みみ》 ⑱□《くち》 ⑲□《みぎ》⑳□《て》 ㉑□《ひだり》㉒□《あし》

㉓□《よ》㉔□《ねん》㉕□《せい》 ㉖□《いと》㉗□《ぐるま》

㉘□《ご》㉙□《がつ》㉚□《みっ》㉛□《か》 ㉜□《おん》ぷ

㉝□《た》んぼ ㉞□《みず》㉟□《い》れる ㊱□《だ》す

㊲□《つち》の㊳□《なか》の㊴□《むし》 ㊵□《おお》きい ㊶□《ちい》さい

㊷□《じ》をかく ㊸□《ほん》をよむ ながい㊹□《ぶん》 まだ㊺□《はや》い

㊻□《た》ち㊼□《あ》がる ㊽□《おう》さまの㊾□《ちから》 ㊿□《たけ》やぶ

よみましょう（答）

㊿	㊾	㊽	㊼	㊻	㊺	㊹	㊸	㊷	㊶	㊵	㊴	㊳	㊲	㊱	㉟	㉞	㉝	㉜	㉛	㉚	㉙	㉘	㉗	㉖	㉕	㉔	㉓	㉒	㉑	⑳	⑲	⑱	⑰	⑯	⑮	⑭	⑬	⑫	⑪	⑩	⑨	⑧	⑦	⑥	⑤	④	③	②	①
竹	力	王	上	立	早	文	本	字	小	大	虫	中	土	出	入	水	田	音	日	三	月	五	車	糸	生	年	四	足	左	手	右	口	耳	目	犬	火	花	玉	円	百	人	千	貝	気	天	金	白	赤	青

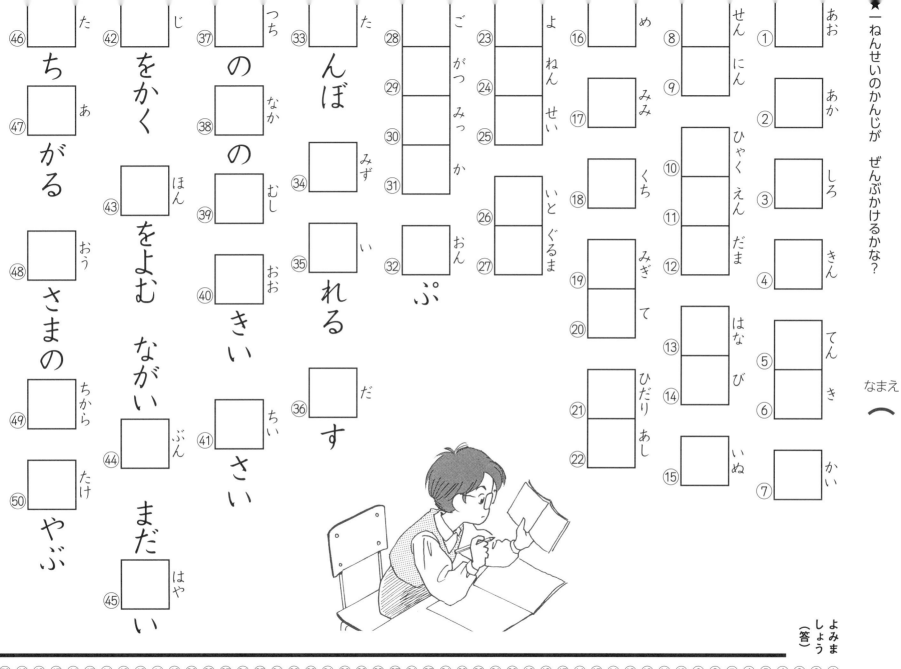

2年　かん字そうまとめくん 100もん(1)

名まえ（　　　　　）　　てん

★二ねんせいのかん字が　ぜんぶかけるかな？

①□《こく》②□《ご》　③□《さん》④□《すう》　⑤□《り》⑥□《か》　⑦□《しゃ》⑧□《かい》　⑨□《ず》⑩□《こう》　⑪□《でん》⑫□《わ》

⑬□《どく》⑭□《しょ》　⑮□《ご》⑯□《ご》　⑰□《こう》⑱□《つう》　⑲□《た》⑳□《しょう》　㉑□《しん》㉒□《ぶん》　㉓□《きょう》㉔□《じゃく》

㉕□《ごう》㉖□《けい》　㉗□《とう》㉘□《ばん》　㉙□《きょう》㉚□《しつ》　㉛□《じ》㉜□《ぶん》　㉝□《しん》㉞□《ゆう》　㉟□《てん》㊱□《せん》

㊲□《こう》㊳□《えん》　㊴□《ゆみ》㊵□《や》　㊶□《はる》　㊷□《なつ》　㊸□《あき》　㊹□《ふゆ》　㊺□《あさ》　㊻□《ひる》　㊼□《よる》

㊽□《が》㊾□《よう》㊿□《し》　(51)□《え》日《にっ》(52)□《き》　(53)□《かえ》り　(54)□《みち》　(55)□《まえ》の(56)□《くみ》　大《たい》(57)□《せつ》

(58)□《ちち》　(59)□《はは》　(60)□《あに》　(61)□《あね》　(62)□《おとうと》　(63)□《いもうと》　(64)□《こめ》　(65)□《むぎ》　一《いっ》(66)□《しゅう》(67)□《かん》

(68)□《ちか》い　(69)□《とお》い　(70)□《ふと》い　(71)□《ほそ》い　(72)□《はし》る　(73)□《ある》く　(74)□《つく》る　(75)□《たか》い

(76)□《なお》す　(77)□《く》る　(78)□《い》く　(79)□《うち》　(80)□《そと》　(81)□《かお》　(82)□《あたま》　(83)□《からだ》　(84)□《こころ》

(85)□《はん》日《にち》　音《おん》(86)□《がく》　(87)□《た》べる　(88)□《と》める　(89)□《うみ》　(90)□《さかな》　(91)□《もと》の(92)□《かたち》

(93)□《あか》るい　(94)□《ほし》　(95)□《ひかり》　(96)□《いま》、(97)□《なん》(98)□《じ》？　(99)□《とり》が(100)□《な》く

よみましょう（こたえ）

①国②語　③算④数　⑤理⑥科　⑦社⑧会　⑨図⑩工　⑪電⑫話　⑬読⑭書　⑮午⑯後　⑰交⑱通　⑲多⑳少　㉑新㉒聞　㉓強㉔弱　㉕合㉖計　㉗当㉘番　㉙教㉚室　㉛自㉜分　㉝親㉞友　㉟点㊱線　㊲公㊳園

㊴弓㊵矢　㊶春　㊷夏　㊸秋　㊹冬　㊺朝　㊻昼　㊼夜　㊽画㊾用㊿紙　(51)絵日(52)記　(53)帰り(54)道　(55)前の(56)組　大(57)切　(58)父　(59)母　(60)兄　(61)姉　(62)弟　(63)妹　(64)米　(65)麦　一(66)週(67)間

(68)近い　(69)遠い　(70)太い　(71)細い　(72)走る　(73)歩く　(74)作る　(75)高い　(76)直す　(77)来る　(78)行く　(79)内　(80)外　(81)顔　(82)頭　(83)体　(84)心　(85)半日　音(86)楽　(87)食べる

(88)止める　(89)海　(90)魚　(91)元の(92)形　(93)明るい　(94)星　(95)光　(96)今、(97)何(98)時？　(99)鳥が(100)鳴く

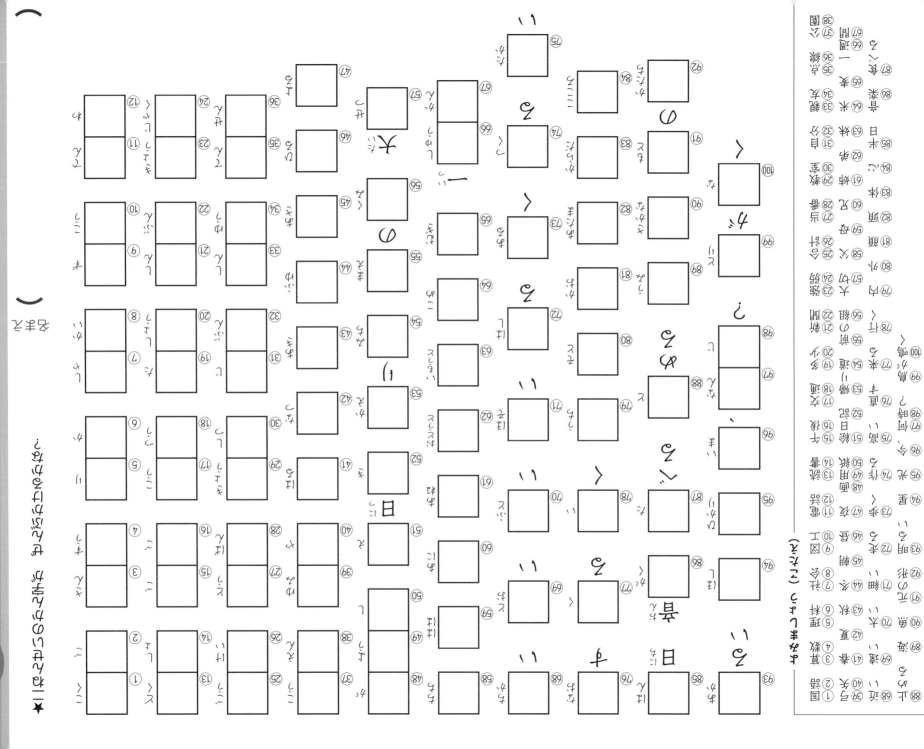

２年 かん字そうまとめくん 100もん(2)

二ねんせいのかん字が　ぜんぶかけるかな？

名まえ（　　　　　）　　てん

①□《うた》②□《ごえ》　③□《いち》④□《ば》　⑤□《の》⑥□《はら》　⑦□《き》⑧□《いろ》　⑨□《たい》⑩□《ふう》　⑪□《ちゃ》⑫□《みせ》　⑬□《こう》⑭□《さく》

⑮□《じ》⑯□《かん》　⑰□《き》⑱□《せん》　⑲□《まい》⑳□《かい》　㉑□《ほう》㉒□《がく》　㉓□《ぎゅう》㉔□《にく》　㉕□《ちょく》㉖□《せん》　㉗□《はん》㉘□《ぶん》

㉙□《きょう》㉚□《だい》　㉛□《しん》㉜□《せつ》　㉝□《こん》㉞□《や》　㉟□《がい》㊱□《こく》　㊲□《ぜん》㊳□《ご》　㊴□《あい》㊵□《ず》　㊶□《ちょう》㊷□《しょく》

㊸□《ひがし》　㊹□《にし》　㊺□《みなみ》　㊻□《きた》　㊼□《い》う　㊽□《おも》う　㊾□《し》る　㊿□《き》く　(51)□《よ》む　(52)□《か》く

(53)□《はな》す　(54)□《つよ》い　(55)□《よわ》い　(56)□《き》る　(57)□《う》る　(58)□《か》う　(59)□《おお》い　(60)□《すく》ない

(61)□《かんが》える　(62)□《おし》える　(63)□《ひろ》い　(64)□《いけ》　(65)□《ふる》い　(66)□《いえ》　(67)□《なが》い　(68)□《かたな》

(69)□《くろ》い　(70)□《くも》　一《いち》(71)□《まん》円《えん》　生《せい》(72)□《かつ》　天《てん》(73)□《さい》　山《やま》(74)□《ざと》　木《き》(75)□《ど》　土《と》(76)□《ち》

《ち》(77)□《よう》日《び》　(78)□《ゆき》　(79)□《あたら》しい　(80)□《あ》たる　(81)□《たの》しい　(82)□《は》れる　(83)□《てら》

(84)□《もん》　(85)□《うま》　(86)□《け》　(87)□《きょう》のみやこ　(88)□《げん》気《き》　人《にん》(89)□《ぎょ》　(90)□《たい》育《いく》　中《ちゅう》(91)□《し》

(92)□《おな》じ　(93)□《こた》え　(94)□《とお》る　(95)□《ひ》く　(96)□《まる》い　(97)□《いわ》　(98)□《はね》　(99)□《くび》　(100)□《たに》

よみましょう（こたえ）

①②歌声　③④市場　⑤⑥野原　⑦⑧黄色　⑨⑩台風　⑪⑫茶店　⑬⑭工作　⑮⑯時間　⑰⑱汽船　⑲⑳毎回　㉑㉒方角　㉓㉔牛肉　㉕㉖直線　㉗㉘半分　㉙㉚兄弟　㉛㉜親切　㉝㉞今夜　㉟㊱外国　㊲㊳前後

㊴㊵合図　㊶㊷朝食　㊸東　㊹西　㊺南　㊻北　㊼言う　㊽思う　㊾知る　㊿聞く　(51)読む　(52)書く　(53)話す　(54)強い　(55)弱い　(56)切る　(57)売る　(58)買う　(59)多い　(60)少ない

(61)考える　(62)教える　(63)広い　(64)池　(65)古い　(66)家　(67)長い　(68)刀　(69)黒い　(70)雲　(71)一万円　(72)生活　(73)天才　(74)山里　(75)木戸　(76)土地　(77)日曜日　(78)雪　(79)新しい　(80)当たる

(81)楽しい　(82)晴れる　(83)寺　(84)門　(85)馬　(86)毛　(87)京のみやこ　(88)元気　(89)人魚　(90)体育　(91)中止　(92)同じ　(93)答え　(94)通る　(95)引く　(96)丸い　(97)岩　(98)羽　(99)首　(100)谷

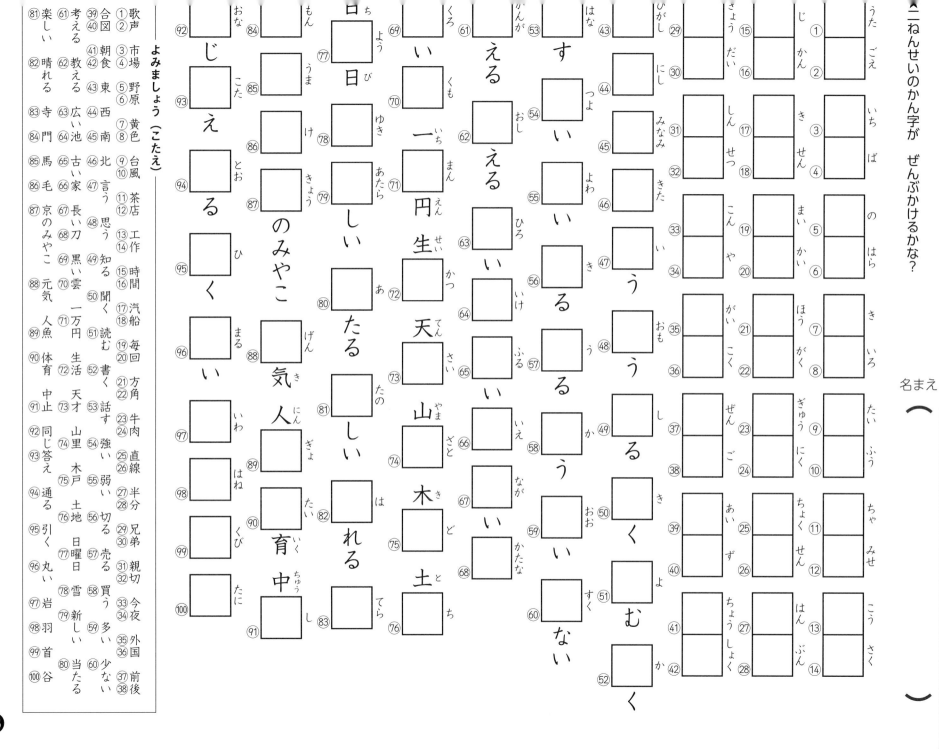

3年 かん字そうまとめくん 100もん(1)

★三ねんせいの　かん字がぜんぶ書けるかな？

名まえ（　　　　）　　点

①□②□《しょうぶ》　③□④□《ぜんぶ》　⑤□⑥□《けんきゅう》　⑦□⑧□《しごと》　⑨□⑩□《じゅうしょ》　⑪□⑫□《よてい》　⑬□⑭□《ひょうめん》

⑮□⑯□《おんど》　⑰□⑱□《びょういん》　⑲□⑳□《ようふく》　㉑□㉒□《きもの》　㉓□《きゅう》な　㉔□《さか》　㉕□㉖□《しょうわ》　㉗□㉘□《きたい》

㉙□㉚□《じょうきゃく》　㉛□㉜□《せいれつ》　㉝□㉞□《やっきょく》　㉟□㊱□《いみ》　㊲□《のう》家《か》　㊳□《あく》人《にん》　㊴□《あん》心《しん》　㊵□《えき》

㊶□《りょう》方《ほう》　㊷□《べん》強《きょう》　㊸□《あそ》ぶ　㊹□《やく》め　㊺□《ゆう》名《めい》　㊻□《かん》字《じ》　㊼□《おく》上《じょう》　㊽□《しょう》売《ばい》

㊾□《おも》い　㊿□《かる》い　51□《まつ》り　52□《すす》む　53□《まも》る　54□《あつ》める　55□《き》める　56□《いのち》を　57□《たす》ける

58□59□60□《はいしゃ》　61□《に》作《づく》り　62□《かい》だん　63□《と》道《どう》府《ふ》　64□《けん》　65□66□《ほうそう》　67□《け》し　68□《さ》る

九《きゅう》69□《しゅう》　文《ぶん》70□《しょう》　道《どう》71□《ぐ》　水《すい》72□《えい》　教《きょう》73□《いく》　中《ちゅう》74□《おう》　回《かい》75□《てん》　お76□《みや》

77□78□79□《しゅうぎょうしき》　ため80□《いき》　一《いっ》81□《ちょう》目《め》　学《がっ》82□《きゅう》文《ぶん》83□《こ》　84□《つぎ》の週《しゅう》　お85□《ば》け

86□《しま》　87□《きし》　88□《みなと》　89□《ひつじ》　90□《はたけ》に91□《う》える　92□《もう》し上《あ》げる　93□《はし》の94□《む》こう

石《せき》95□《たん》と石《せき》96□《ゆ》　後《あと》を97□《お》う　98□《し》を作《つく》る　くぎを99□《う》つ　手《て》に100□《と》る

読みましょう（答）

①②勝負　③④全部　⑤⑥研究　⑦⑧仕事　⑨⑩住所　⑪⑫予定　⑬⑭表面　⑮⑯温度　⑰⑱病院　⑲⑳洋服　㉑㉒着物　㉓急な　㉔坂　㉕㉖昭和　㉗㉘期待　㉙㉚乗客　㉛㉜整列　㉝㉞薬局　㉟㊱意味

㊲農家　㊳悪人　㊴安心　㊵駅　㊶両方　㊷勉強　㊸遊ぶ　㊹役め　㊺有名　㊻漢字　㊼屋上　㊽商売　㊾重い　㊿軽い　51祭り　52進む　53守る　54集める

55決める　56命を助ける　57　58 59 60歯医者　61荷作り　62階だん　63都道府県　64　65 66放送　67消し去る　68　69九州　70文章　71道具　72水泳　73教育　74中央　75回転

76お宮　77 78 79終業式　80ため息　81一丁目　82 83学級文庫　84次の週　85お化け　86島　87岸　88港　89羊　90畑に植える　91　92申し上げる　93橋の向こう　94

95石炭と石油　96　97後を追う　98詩を作る　99くぎを打つ　100手に取る

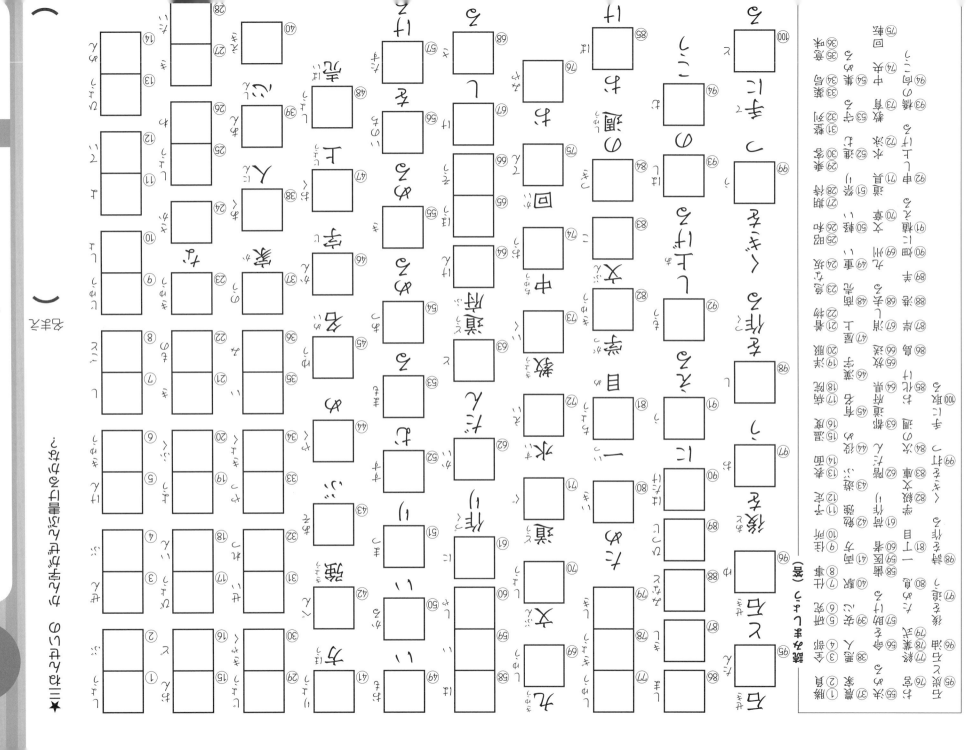

かん字そうまとめくん 100もん(2)

★三ねんせいの かん字がぜんぶ書けるかな?

名まえ（　　　　）　　点

① □《とう》 ② □《きゅう》
③ □《れん》 ④ □《しゅう》
⑤ □《かい》 ⑥ □《し》
⑦ □《はん》 ⑧ □《たい》
⑨ □《うん》 ⑩ □《どう》
⑪ □《い》 ⑫ □《いん》
⑬ □《てっ》 ⑭ □《ぱん》

⑮ □《こう》 ⑯ □《ふく》
⑰ □《そう》 ⑱ □《だん》
⑲ □《しゃ》 ⑳ □《しん》
㉑ □《しゅく》 ㉒ □《だい》
㉓ □《はこ》 ㉔ □《にわ》
㉕ □《りゅう》 ㉖ □《ひょう》
㉗ □《はな》 ㉘ □《ぢ》

㉙ □《かみ》 ㉚ □《さま》
㉛ □《かん》 ㉜ □《そう》
㉝ □《へん》 ㉞ □《ぴん》
㉟ □《よこ》 ㊱ □《ぶえ》
㊲ □《く》心《しん》
㊳ □《だい》表《ひょう》
㊴ □《はっ》表《ぴょう》
㊵ □《さら》

㊶ □《ね》元《もと》
㊷ □《どう》話《わ》
㊸ □《むかし》話《ばなし》
㊹ □《た》人《にん》
㊺ □《ちゅう》文《もん》
㊻ □《と》山《ざん》
㊼ □《く》別《べつ》
㊽ □《たい》ら

㊾ □《し》ぬ
㊿ □《つか》う
51 □《しら》べる
52 □《ひと》しい
53 □《お》きる
54 □《ま》がる
55 □《か》族《ぞく》
太《たい》 56 □《よう》

57 □《ぎん》 58 □《せ》 59 □《かい》
60 □《お》ち
61 □《ば》
62 □《さけ》 63 □《の》み
64 □《くば》り
65 □《がかり》
66 □《はしら》時《ど》計《けい》
道《どう》 67 □《ろ》

68 □《うつく》しい
69 □《かな》しい
70 □《ふか》い
71 □《みずうみ》
72 □《みじか》い
73 □《たび》
74 □《ゆび》の
75 □《かわ》
76 □《まめ》を
77 □《ひろ》う

78 □《だい》一《いち》 79 □《ごう》
80 □《う》け
81 □《み》
82 □《も》ち
83 □《ぬし》
図《と》書《しょ》 84 □《かん》
85 □《はや》い車《くるま》
花《はな》の 86 □《み》

自 87 □《ゆう》 88 □《ちょう》
五《ご》 89 □《びょう》 間《かん》
二《に》 90 □《ばい》 する
91 □《さむ》 い冬《ふゆ》
92 □《あつ》 い夏《なつ》
93 □《なみ》
94 □《ふで》

お 95 □《ゆ》
お 96 □《れい》
ぎ 97 □《もん》
98 □《くら》い
99 □《みどり》 色《いろ》
100 □《きみ》

読みましょう（答）

①投②球 ③練④習 ⑤開⑥始 ⑦反⑧対 ⑨運⑩動 ⑪委⑫員 ⑬鉄⑭板 ⑮幸⑯福 ⑰相⑱談 ⑲写⑳真 ㉑宿㉒題 ㉓箱㉔庭 ㉕流㉖氷 ㉗鼻㉘血 ㉙神㉚様 ㉛感㉜想 ㉝返㉞品 ㉟横㊱笛 ㊲苦心

㊳代表 ㊴発表 ㊵皿 ㊶根元 ㊷童話 ㊸昔話 ㊹他人 ㊺注文 ㊻登山 ㊼区別 ㊽平ら ㊾死ぬ ㊿使う 51調べる 52等しい 53起きる 54曲がる 55家族

太56陽 57銀58世59界 60落ち葉 61 62酒63飲み 64配り65係 66柱時計 道67路 68美しい 69悲しい 70深い71湖 72短い73旅 74指の75皮 76豆を77拾う 78第一79号

80受け81身 82持ち83主 図書84館 85速い車 花の86実 自87由88帳 五89秒間 二90倍する 91寒い冬 92暑い夏 93波 94筆 お95湯 お96礼 ぎ97問 98暗い

99緑色 100君

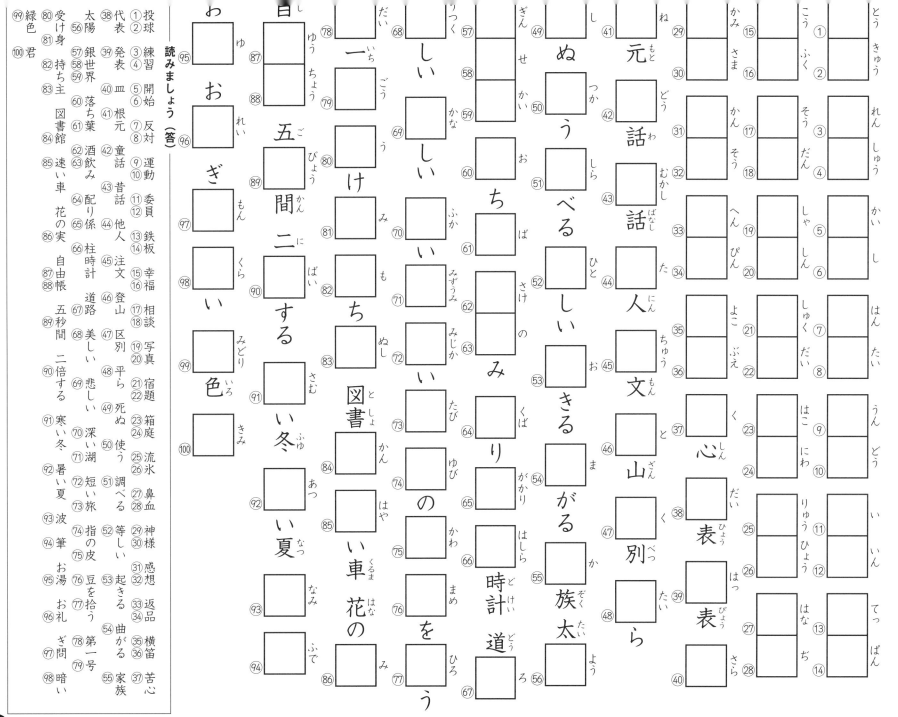

4年 漢字そうまとめくん 103問(1)

名まえ（　　　　）　　てん

★四年生の漢字が　ぜんぶ書けるかな？

①②（とくべつ）　③④（ふろく）　⑤⑥（べんり）　⑦⑧（せいこう）　⑨⑩（しっぱい）　⑪⑫（やくそく）　⑬⑭（けっか）　⑮⑯（ざんねん）

⑰⑱（えいよう）　⑲⑳（けんこう）　㉑㉒（けっせき）　㉓㉔（ほうたい）　㉕㉖（きせつ）　㉗㉘（れんぞく）　㉙㉚（しけん）　㉛㉜（ひつよう）

㉝㉞（ざいりょう）　㉟㊱（しゅるい）　㊲㊳（いち）　㊴㊵（ろうどう）　㊶㊷（ふまん）　㊸㊹（いんさつ）　㊺㊻（きかい）　㊼㊽（かいりょう）

㊾（きょう）通《つう》　㊿（ぎ）題《だい》　51（さく）年《ねん》　52（そつ）業《ぎょう》　53（み）来《らい》　54（ゆう）気《き》　55（かん）係《けい》　56（せつ）明《めい》　57（む）理《り》

58（えい）語《ご》　59（あん）内《ない》　60（ぼく）場《じょう》　61（そう）庫《こ》　62（ぎょ）業《ぎょう》　63（きゅう）食《しょく》　64（れい）外《がい》　65（かん）全《ぜん》　66（ど）力《りょく》

67（ねっ）湯《とう》　68（い）服《ふく》　69（す）箱《ばこ》　70（かく）自《じ》　71（こ）定《てい》　72（じゅん）番《ばん》　73（とう）台《だい》　74（さん）歩《ぽ》　75（たて）物《もの》

大《だい》76（じん）　命《めい》77（れい）　食《しょっ》78（き）　食《しょく》79（えん）　目《もく》80（ひょう）　目《もく》81（てき）　車《しゃ》82（りん）　右《みぎ》83（がわ）　国《こく》84（みん）

85（うめ）ぼし　86（まつ）の木《き》　87（せい）けつ　88（ふく）読本《どくほん》　89（お）り紙《がみ》　90（なか）直《なお》り

91（はく）物館《ぶつかん》　92（や）き物《もの》　三《さん》93（おく）円《えん》　一《いっ》94（ちょう）円《えん》　千円《せんえん》95（さつ）　交《こう》96（さ）点《てん》

97（さん）98（か）する　国語《こくご》99（じ）100（てん）　キュリー101（ふ）人《じん》　102（ぐん）部《ぶ》に住《す》む　五人《ごにん》103（い）上《じょう》

読みましょう（答）

①特 ②別　③付 ④録　⑤便 ⑥利　⑦成 ⑧功　⑨失 ⑩敗　⑪約 ⑫束　⑬結 ⑭果　⑮残 ⑯念　⑰栄 ⑱養　⑲健 ⑳康　㉑欠 ㉒席　㉓包 ㉔帯　㉕季 ㉖節　㉗連 ㉘続　㉙試 ㉚験　㉛必 ㉜要　㉝材 ㉞料　㉟種 ㊱類　㊲位 ㊳置

㊴労 ㊵働　㊶不 ㊷満　㊸印 ㊹刷　㊺機 ㊻械　㊼改 ㊽良　㊾共通　㊿議題　51昨年　52卒業　53未来　54勇気　55関係　56説明　57無理　58英語　59案内　60牧場　61倉庫　62漁業

63給食　64例外　65完全　66努力　67熱湯　68衣服　69巣箱　70各自　71固定　72順番　73灯台　74散歩　75建物　76大臣　77命令　78食器　79食塩　80目標　81目的

82車輪　83右側　84国民　85梅ぼし　86松の木　87清けつ　88副読本　89折り紙　90仲直り　91博物館　92焼き物　93三億円　94一兆円　95千円札　96交差点

97参 98加する　国語 99辞 100典　キュリー 101夫人　102郡部に住む　五人 103以上

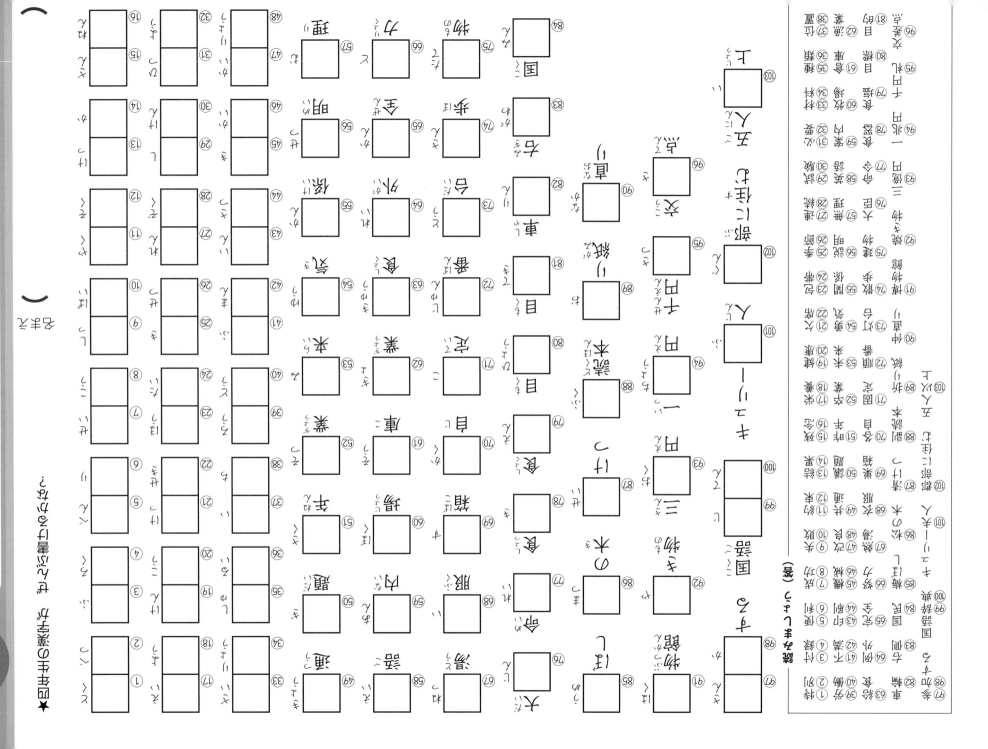

4年

漢字そうまとめくん100問(2)

名まえ（　　　　）　てん

★四年生の漢字が　ぜんぶ書けるかな？

都道ふ県名

①②おきなわ
③④かご島《しま》
宮《みや》⑤ざき
⑥くま本《もと》
⑦⑧さが
⑨⑩えひめ
⑪とく島《しま》
⑫か川《がわ》

大《おお》⑬⑭さかふ
⑮⑯しが
⑰な良《ら》
⑱⑲ぎふ
⑳㉑しずおか
㉒と山《やま》
福《ふく》㉓い
新《にい》㉔がた

山《やま》㉕なし
㉖さい玉《たま》
㉗㉘いばらき
㉙とち木《ぎ》
㉚ぐん馬《ま》

㉛れいぞう庫《こ》
明《めい》㉜じ時代《じだい》

㉝㉞さいしょ
㉟㊱きぼう
㊲㊳でんぴょう
㊴㊵せんきょ
㊶㊷かんさつ
㊸㊹せんそう
㊺㊻へいたい
㊼㊽りくぐん

㊾㊿ていへん
南《なん》(51)きょく
入《にゅう》(52)よく
水《すい》(53)がい
生《せい》(54)と
子《し》(55)そん
配《はい》(56)たつ
金《きん》(57)か
血《けっ》(58)かん

白《しろ》(59)はた
手《て》(60)かがみ
感《かん》(61)かく
ご(62)はん
(63)わらう
(64)ねがい
(65)すき
(66)あさい
(67)ひくい

(68)しん用《よう》
(69)れい外《がい》
(70)か題《だい》
(71)くん練《れん》
(72)きょう走《そう》
(73)へん化《か》
(74)しゃっ金《きん》
(75)しゅく日《じつ》
(76)ろう人《じん》

(77)し会《かい》
気《き》(78)こう
月《げっ》(79)まつ
反《はん》(80)せい
方《ほう》(81)ほう
出《しゅっ》(82)さん
半《はん》(83)けい
円《えん》(84)しゅう
合《がっ》(85)しょう

手《しゅ》(86)げい
自《し》(87)ぜん
野《や》(88)さい
風《ふう》(89)けい
重《じゅう》(90)りょう
商店《しょうてん》(91)がい
外交《がいこう》(92)かん
(93)し名《めい》を書《か》く

日《ひ》(94)でり
(95)なき虫《むし》
かん(96)たん
木《き》の(97)め
(98)もとめる
(99)きょう力《りょく》する
鳥《とり》が(100)とぶ

読みましょう（答）

①②沖縄　③④鹿児島　⑤宮崎　⑥熊本　⑦⑧佐賀　⑨⑩愛媛　⑪徳島　⑫香川　⑬⑭大阪府　⑮⑯滋賀　⑰奈良　⑱⑲岐阜　⑳㉑静岡　㉒富山　㉓福井　㉔新潟　㉕山梨　㉖埼玉
㉗㉘茨城　㉙栃木　㉚群馬　㉛冷ぞう庫　㉜明治時代　㉝㉞最初　㉟㊱希望　㊲㊳伝票　㊴㊵選挙　㊶㊷観察　㊸㊹戦争　㊺㊻兵隊　㊼㊽陸軍　㊾㊿底辺　(51)南極　(52)入浴　(53)水害
(54)生徒　(55)子孫　(56)配達　(57)金貨　(58)血管　(59)白旗　(60)手鏡　(61)感覚　(62)ご飯　(63)笑う　(64)願い　(65)好き　(66)浅い　(67)低い　(68)信用　(69)例外　(70)課題　(71)訓練　(72)競走
(73)変化　(74)借金　(75)祝日　(76)老人　(77)司会　(78)気候　(79)月末　(80)反省　(81)方法　(82)出産　(83)半径　(84)円周　(85)合唱　(86)手芸　(87)自然　(88)野菜　(89)風景　(90)重量
(91)商店街　(92)外交官　(93)氏名を書く　(94)日照り　(95)泣き虫　(96)かん単　(97)木の芽　(98)求める　(99)協力する　(100)鳥が飛ぶ

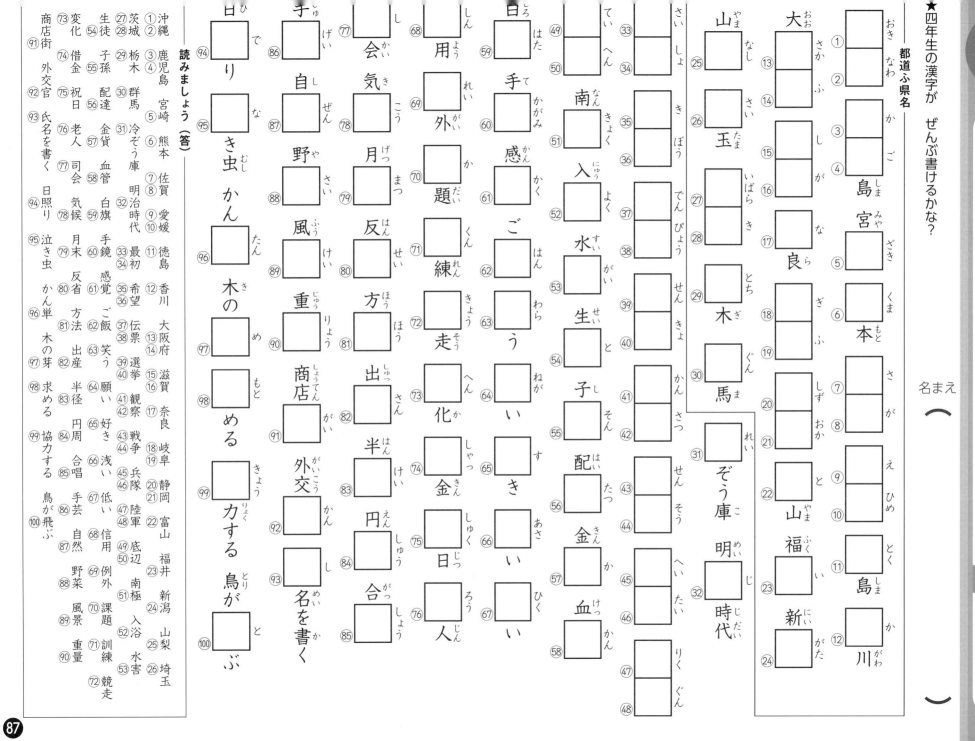

5年 漢字そうまとめくん 100問(1)

名まえ（　　　　　）　　点

★五年生の漢字が　ぜんぶ書けるかな？

①②□□《さんそ》　③④□□《えいきゅう》　⑤⑥□□《けいえい》　⑦⑧□□《じょうけん》　⑨⑩□□《じゅんび》　⑪⑫□□《じょうほう》　⑬⑭□□《ひょうばん》　⑮⑯□□《きそく》

⑰⑱□□《げんざい》　⑲⑳□□《じょうたい》　㉑㉒□□《そうがく》　㉓㉔□□《ふくざつ》　㉕㉖□□《ぎじゅつ》　㉗㉘□□《ぼうえい》　㉙㉚□□《ほご》　㉛㉜□□《こせい》

包《ほう》㉝□《い》　㉞□《きゅう》助《じょ》　㉟□《べん》当《とう》　㊱□《さつ》人《じん》　㊲□《しつ》問《もん》　㊳□《かい》答《とう》　㊴□《しょう》明書《めいしょ》　㊵□《ちょ》金《きん》

㊶□《ゆ》入《にゅう》　㊷□《きん》止《し》　㊸□《ぜっ》対《たい》　㊹□《ぎゃく》転《てん》　㊺□《せい》治《じ》　㊻□《あつ》力《りょく》　㊼□《ひ》料《りょう》　㊽□《さい》用《よう》　㊾□《さん》成《せい》

㊿□《えき》体《たい》　(51)□《よう》積《せき》　(52)□《てき》切《せつ》　(53)□《し》料《りょう》　(54)□《こころざ》す　(55)□《きず》く　(56)□《か》す　(57)□《ことわ》る　(58)□《みちび》く

(59)□《か》去《こ》　(60)(61)□□《ぶし》　利《り》(62)□《えき》　国《こっ》(63)□《きょう》　対《たい》(64)□《ひ》　道《どう》(65)□《とく》　教《きょう》(66)□《し》　成《せい》(67)□《せき》　平《へい》(68)□《きん》

大《たい》(69)□《が》　印《いん》(70)□《しょう》　週《しゅう》(71)□《かん》　住《じゅう》(72)□《きょ》　建《けん》(73)□《せつ》　火《か》(74)□《さい》　事《じ》(75)□《こ》　危《き》(76)□《けん》　ゆ(77)□《かい》

(78)(79)□□《こうえん》会《かい》　(80)□《さくら》の(81)□《えだ》　(82)□《きゅう》校《こう》(83)□《しゃ》　感《かん》(84)□《しゃ》する　国《こく》(85)□《さい》的《てき》　新《しん》(86)□《かん》線《せん》

(87)□《まず》しい　(88)□《かま》える　(89)□《あつ》い本《ほん》　一等《いっとう》(90)□《しょう》　鉄《てっ》(91)□《こう》石《せき》　(92)□《ぬの》を(93)□《お》る

(94)□《せい》いっぱい　(95)(96)□□《おうせつ》室《しつ》　大《だい》(97)(98)□□《とうりょう》　公会《こうかい》(99)□《どう》　大《おお》(100)□《よろこ》び

読みましょう（答）

①②酸素　③④永久　⑤⑥経営　⑦⑧条件　⑨⑩準備　⑪⑫情報　⑬⑭評判　⑮⑯規則　⑰⑱現在　⑲⑳状態　㉑㉒総額　㉓㉔複雑　㉕㉖技術　㉗㉘防衛　㉙㉚保護　㉛㉜個性　㉝包囲　㉞救助　㉟弁当

㊱殺人　㊲質問　㊳解答　㊴証明書　㊵貯金　㊶輸入　㊷禁止　㊸絶対　㊹逆転　㊺政治　㊻圧力　㊼肥料　㊽採用　㊾賛成　㊿液体　51容積　52適切　53資料

54志す　55築く　56貸す　57断る　58導く　59過去　60 61武士　62利益　63国境　64対比　65道徳　66教師　67成績　68平均　69大河　70印象　71週刊　72住居　73建設

74火災　75事故　76危険　77ゆ快　78 79講演会　80桜の　81枝　82旧校舎　83　84感謝する　85国際的　86新幹線　87貧しい　88構える　89厚い本　90一等賞　91鉄鉱石

92布を　93織る　94精いっぱい　95 96応接室　97 98大統領　99公会堂　100大喜び

5年 漢字そうまとめくん100問(2)

★五年生の漢字が ぜんぶ書けるかな？

名まえ（　　　　）

点

①□②□《ぎむ》
③□④□《せきにん》
⑤□⑥□《はんざい》
⑦□⑧□《せいげん》
⑨□⑩□《はんだん》
⑪□⑫□《れきし》
⑬□⑭□《せいぞう》
⑮□⑯□《かかく》

⑰□⑱□《ぶつぞう》
⑲□⑳□《おうふく》
㉑□㉒□《ぼうえき》
㉓□㉔□《けんさ》
㉕□㉖□《きょか》
㉗□㉘□《かくりつ》
㉙□《こう》海《かい》
㉚□《てい》止《し》

㉛□㉜□《せいのう》
㉝□㉞□《ぞうげん》
㉟□《き》本《ほん》
㊱□《じゅつ》語《ご》
㊲□《ざい》産《さん》
㊳□《そん》害《がい》
㊴□《ぜい》金《きん》
㊵□《しゅう》理《り》
㊶□《てい》度《ど》

㊷□《さい》会《かい》
㊸□《こん》乱《らん》
㊹□《へん》集《しゅう》
㊺□《きょう》味《み》
㊻□《し》育《いく》
㊼□《どう》山《ざん》
㊽□《ねん》料《りょう》
㊾□《じゅ》業《ぎょう》
㊿□《か》説《せつ》

51□《しょく》業《ぎょう》
52□《どく》立《りつ》
53□《とく》意《い》
54□《そ》先《せん》
55□《しょう》待《たい》
56□《そく》定《てい》
57□《に》る
58□《いきお》い
59□《やぶ》る

60□《まよ》う
61□《あま》り
62□《ゆた》か
夫《ふう》63□《ふ》
文《もん》64□《く》
原《げん》65□《いん》
保《ほ》66□《りゅう》
山《さん》67□《みゃく》
省《しょう》68□《りゃく》

花《か》69□《ふん》
清《せい》70□《けつ》
習《しゅう》71□《かん》
消《しょう》72□《どく》
出《しゅっ》73□《ぱん》
食《しょく》74□《ひ》
金《きん》75□《ぞく》
肉《にく》76□《がん》
順《じゅん》77□《じょ》

78□79□80□《ひじょうしき》
81□《ぼう》力《りょく》
82□《だん》
見《み》83□《は》る
84□85□86□《べんごし》
87□《こう》果《か》
88□《こう》地《ち》
89□《い》動《どう》

木《き》の90□《みき》
91□《ささ》える
92□《くら》べる
93□《よ》り道《みち》
94□《まず》しい
95□《こく》白《はく》

96□《つま》
97□《はか》
98□《ゆめ》
99□《わた》
二十一世《にじゅういっせい》100□《き》

読みましょう（答）

①義②務　③責④任　⑤犯⑥罪　⑦制⑧限　⑨判⑩断　⑪歴⑫史　⑬製⑭造　⑮価⑯格　⑰仏⑱像　⑲往⑳復　㉑貿㉒易　㉓検㉔査　㉕許㉖可　㉗確㉘率　㉙航海　㉚停止　㉛性㉜能　㉝増㉞減　㉟基本

㊱述語　㊲財産　㊳損害　㊴税金　㊵修理　㊶程度　㊷再会　㊸混乱　㊹編集　㊺興味　㊻飼育　㊼銅山　㊽燃料　㊾授業　㊿仮説　51職業　52独立　53得意　54祖先

55招待　56測定　57似る　58勢い　59破る　60迷う　61余り　62豊か　63夫婦　64文句　65原因　66保留　67山脈　68省略　69花粉　70清潔　71習慣　72消毒　73出版

74食費　75金属　76肉眼　77順序　78非79常80識　81暴力　82団　83見張る　84弁85護86士　87効果　88耕地　89移動　90木の幹　91支える　92比べる　93寄り道　94貧しい

95告白　96妻　97墓　98夢　99綿　100二十一世紀

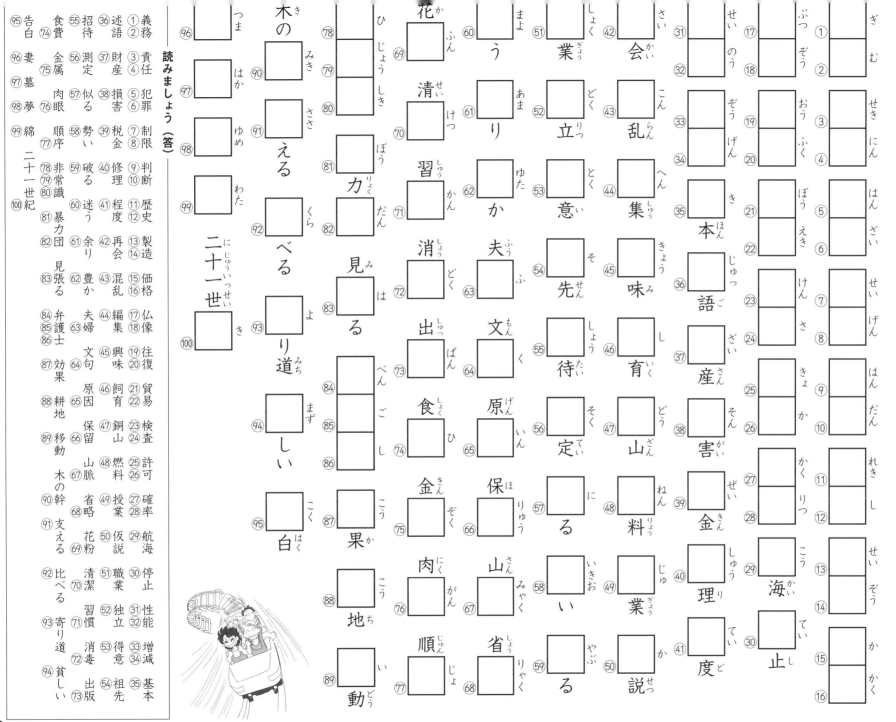

6年 漢字総まとめくん 100問 (1)

名まえ（　　　　　）　　　点

★六年生の漢字が　ぜんぶ書けるかな？

①□②□《そんけい》　③□④□《ふくつう》　⑤□⑥□《こきゅう》　⑦□⑧□《しゅくしゃ》　⑨□⑩□《いろん》　⑪□⑫□《こんなん》　⑬□《ゆう》勝《しょう》　⑭□《ひ》定《てい》　⑮□《こう》参《さん》

⑯□《はん》長《ちょう》　⑰□《ざ》席《せき》　⑱□《し》勢《せい》　⑲□《ちょ》者《しゃ》　⑳□《とう》論《ろん》　㉑□《わり》合《あい》　㉒□《かん》単《たん》　㉓□《ろう》読《どく》　㉔□《たん》任《にん》　㉕□《ほう》問《もん》

㉖□《りん》時《じ》　㉗□《しゅう》職《しょく》　㉘□《せい》書《しょ》　㉙□《しゅう》入《にゅう》　㉚□《のう》税《ぜい》　㉛□《じょ》外《がい》　㉜□《ひ》判《はん》　㉝□《かぶ》式《しき》　㉞□《えん》岸《がん》　㉟□《はい》色《いろ》

㊱□《けん》力《りょく》　㊲□《かく》大《だい》　㊳□《き》険《けん》　㊴□《げん》重《じゅう》　㊵□《たん》検《けん》　㊶□《ぎ》問《もん》　㊷□《らん》雑《ざつ》　㊸□《ほ》欠《けつ》　㊹□《わか》者《もの》　㊺□《ご》解《かい》

㊻□《しょう》害《がい》　㊼□《きず》口《ぐち》　㊽□《よく》日《じつ》　㊾□《うら》側《がわ》　㊿□《こく》物《もつ》　51□《すい》理《り》　52□《しょう》軍《ぐん》　53□《じょう》発《はつ》　54□《はい》句《く》　55□《じゅく》語《ご》

56□《すい》直《ちょく》　57□《じ》石《しゃく》　58□《き》族《ぞく》　59□《かく》命《めい》　60□《おさな》い　61□《いた》る　62□《われ》ら　米《こめ》63□《だわら》　参《さん》64□《ぱい》　感《かん》65□《げき》

故《こ》66□《きょう》　地《ち》67□《いき》　子《こ》68□《ども》　体《たい》69□《そう》　服《ふく》70□《そう》　住《じゅう》71□《たく》　保《ほ》72□《ぞん》　意《い》73□《よく》　米《こめ》74□《ぐら》　経《けい》75□《ざい》

政《せい》76□《さく》　同《どう》77□《めい》　時《じ》78□《こく》　牛《ぎゅう》79□《にゅう》　雑《ざっ》80□《し》　興《こう》81□《ふん》　82□83□84□《けいしちょう》　内《ない》85□《かく》　86□《さい》判所《ばんしょ》

消防《しょうぼう》87□《しょ》　親《おや》88□《こう》行《こう》　銀河《ぎんが》89□《けい》　90□《なみ》木道《きみち》　91□《わす》れ物《もの》　92□《とど》ける　93□《みと》める

94□《も》造紙《ぞうし》　95□《す》てる　96□《たて》と横《よこ》　花《はな》97□《ざか》り　夕《ゆう》98□《ぐ》れ　99□《そ》める　寒《かん》100□《だん》計《けい》

読みましょう（答）

①尊②敬　③腹④痛　⑤呼⑥吸　⑦宿⑧舎　⑨異⑩論　⑪困⑫難　⑬優勝　⑭否定　⑮降参　⑯班長　⑰座席　⑱姿勢　⑲著者　⑳討論　㉑割合　㉒簡単　㉓朗読　㉔担任　㉕訪問
㉖臨時　㉗就職　㉘聖書　㉙収入　㉚納税　㉛除外　㉜批判　㉝株式　㉞沿岸　㉟灰色　㊱権力　㊲拡大　㊳危険　㊴厳重　㊵探検　㊶疑問　㊷乱雑　㊸補欠　㊹若者
㊺誤解　㊻障害　㊼傷口　㊽翌日　㊾裏側　㊿穀物　51推理　52将軍　53蒸発　54俳句　55熟語　56垂直　57磁石　58貴族　59革命　60幼い　61至る　62我ら　63米俵
64参拝　65感激　66故郷　67地域　68子供　69体操　70服装　71住宅　72保存　73意欲　74米蔵　75経済　76政策　77同盟　78時刻　79牛乳　80雑誌　81興奮
82警83視84庁　85内閣　86裁判所　87消防署　88親孝行　89銀河系　90並木道　91忘れ物　92届ける　93認める　94模造紙　95捨てる　96縦と横　97花盛り
98夕暮れ　99染める　100寒暖計

6年 漢字総まとめくん100問(2)

★六年生の漢字が ぜんぶ書けるかな？

名まえ（　　　　）　　点

①□②□《うちゅう》　③□④□《せぼね》　⑤□⑥□《ひみつ》　⑦□⑧□《さとう》　⑨□⑩□《ねだん》　⑪□⑫□《ちゅうせい》　⑬□⑭□《こうごう》　⑮□《へい》下《か》　⑯□《けん》法《ぽう》

⑰□《ゆう》便《びん》　⑱□《えい》画《が》　⑲□《たん》生《じょう》　⑳□《まい》数《すう》　㉑□《せん》言《げん》　㉒□《えん》長《ちょう》　㉓□《ちょう》点《てん》　㉔□《きん》務《む》　㉕□《せん》門《もん》　㉖□《しゅう》教《きょう》

㉗□《ちょう》流《りゅう》　㉘□《は》手《で》　㉙□《せん》面《めん》　㉚□《じん》義《ぎ》　㉛□《すん》法《ぽう》　㉜□《そう》立《りつ》　㉝□《へい》店《てん》　㉞□《じゅ》木《もく》　㉟□《こう》鉄《てつ》　㊱□《い》書《しょ》

㊲□《しょ》置《ち》　㊳□《かた》側《がわ》　㊴□《ぜん》悪《あく》　㊵□《しょ》国《こく》　㊶□《きん》肉《にく》　㊷□《うたが》う　㊸□《こま》る　㊹□《いた》い　㊺□《うやま》う　㊻□《おん》人《じん》

㊼□《さぐ》る　㊽□《おぎな》う　㊾□《よ》ぶ　㊿□《みだ》す　51□《したが》う　52□《ほ》す　引《いん》53□《たい》　負《ふ》54□《しょう》　死《し》55□《ぼう》　家《や》56□《ちん》

金《きん》57□《せん》　法《ほう》58□《りつ》　政《せい》59□《とう》　今《こん》60□《ばん》　演《えん》61□《そう》　指《し》62□《き》　単《たん》63□《じゅん》　反《はん》64□《しゃ》　歌《か》65□《し》　一《いっ》66□《さつ》

絵《え》67□《まき》　地《ち》68□《そう》　自《じ》69□《こ》　水《すい》70□《げん》　頭《ず》71□《のう》　心《しん》72□《ぞう》　73□《はい》　74□《むね》　75□《かん》病《びょう》　76□77□《てんらん》会《かい》

78□《こう》白《はく》79□《まく》　80□《しゅう》議《ぎ》院《いん》　ほん81□《やく》　牛《うし》の82□《した》　入場《にゅうじょう》83□《けん》　84□《い》と85□《ちょう》　86□《しょう》知《ち》する

87□《あず》ける　88□《てき》と味方《みかた》　89□《きぬ》　90□《いずみ》　91□《げき》

92□《ぼう》　93□《たまご》　94□《たから》　95□《あな》　96□《はり》　97□《かいこ》　98□《つくえ》　99□《まど》　100□《わたくし》

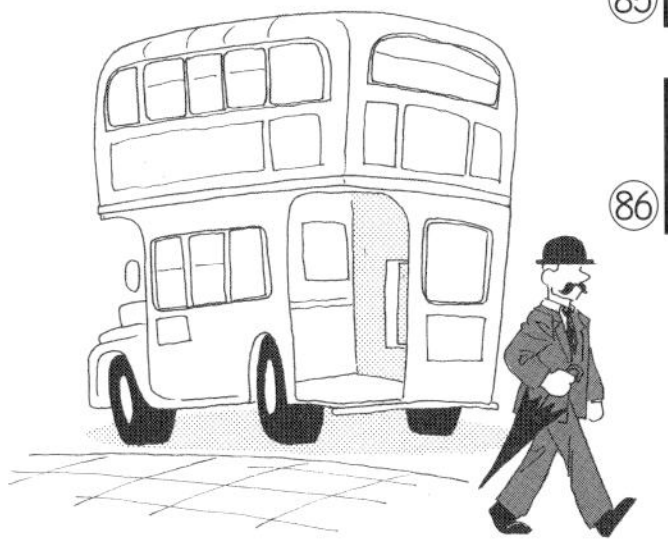

読みましょう（答）

①宇②宙 ③背④骨 ⑤秘⑥密 ⑦砂⑧糖 ⑨値⑩段 ⑪忠⑫誠 ⑬皇⑭后 ⑮陛下 ⑯憲法 ⑰郵便 ⑱映画 ⑲誕生 ⑳枚数 ㉑宣言 ㉒延長 ㉓頂点 ㉔勤務 ㉕専門 ㉖宗教

㉗潮流 ㉘派手 ㉙洗面 ㉚仁義 ㉛寸法 ㉜創立 ㉝閉店 ㉞樹木 ㉟鋼鉄 ㊱遺書 ㊲処置 ㊳片側 ㊴善悪 ㊵諸国 ㊶筋肉 ㊷疑う ㊸困る ㊹痛い ㊺敬う

㊻恩人 ㊼探る ㊽補う ㊾呼ぶ ㊿乱す 51従う 52干す 53引退 54負傷 55死亡 56家賃 57金銭 58法律 59政党 60今晩 61演奏 62指揮 63単純 64反射

65歌詞 66一冊 67絵巻 68地層 69自己 70水源 71頭脳 72心臓 73肺 74胸 75看病 76展77覧会 78紅白79幕 80衆議院 81ほん訳 82牛の舌 83入場券

84胃と85腸 86承知する 87預ける 88敵と味方 89絹 90泉 91劇 92棒 93卵 94宝 95穴 96針 97蚕 98机 99窓 100私

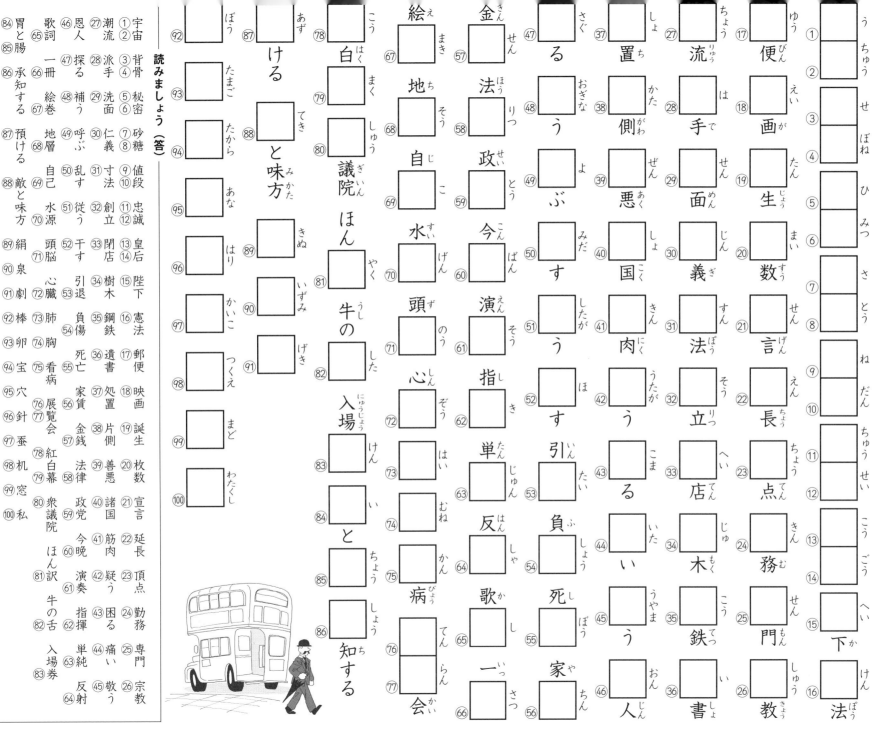

解答

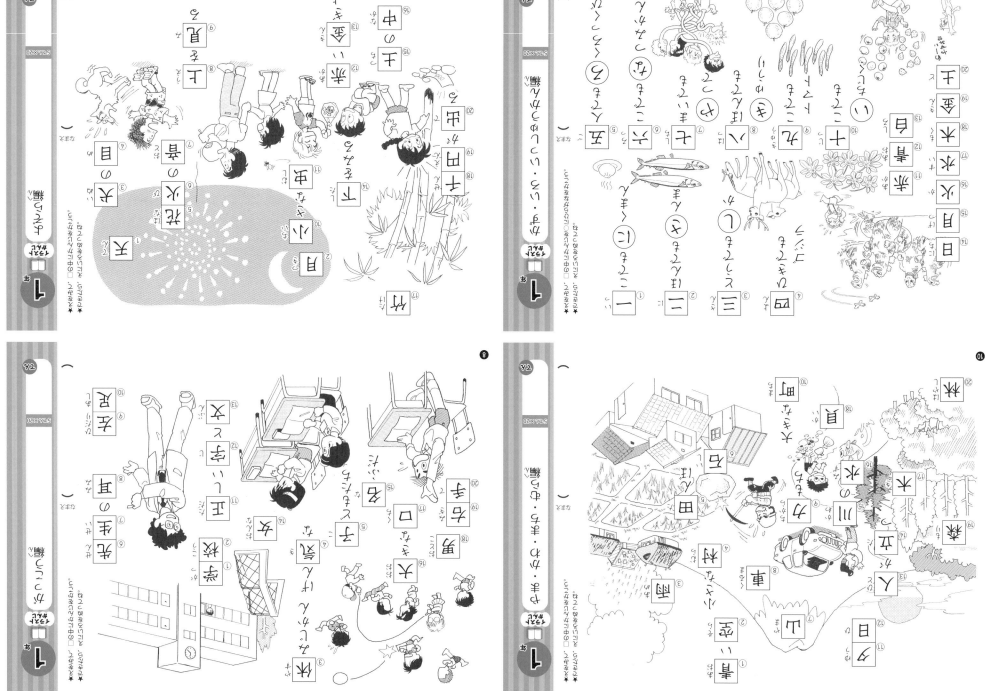

1年 イラストかんじ がっこう編《へん》

★えをみて、□の中にかんじをかこう。
★できたら、えにいろをぬってね。

なまえ（　　）　5てん×20　てん

⑥先《せん》⑦生《せい》の⑧耳《みみ》
⑨左《ひだり》⑩足《あし》
①学《がっ》②校《こう》
⑪正《ただ》しい⑫字《じ》と⑬文《ぶん》
⑭女《おんな》
③休《やす》みじかん　げん④気《き》な
⑤子《こ》どもたち
⑮名《な》ふだ
⑯大《おお》きな⑰口《くち》
⑱男《おとこ》
⑲右《みぎ》⑳手《て》

1年 イラストかんじ よぞら編《へん》

★えをみて、□の中にかんじをかこう。
★できたら、えにいろをぬってね。

なまえ（　　）　5てん×20　てん

①天《てん》
③犬《いぬ》の④目《め》
⑧上《うえ》を⑨見《み》る
⑤花《はな》⑥火《び》の⑦音《おと》
②月《つき》
⑩小《ちい》さな⑪虫《むし》
⑫赤《あか》い⑬金《きん》ぎょ
⑭下《した》をみる
⑮土《つち》の⑯中《なか》
⑰竹《たけ》
⑱千《せん》⑲円《えん》が⑳出《で》る

1年 イラストかんじ やま・かわ・まち・むら編《へん》

★えをみて、□の中にかんじをかこう。
★できたら、えにいろをぬってね。

なまえ（　　）　5てん×20　てん

①青《あお》い②空《そら》
③雨《あめ》
小さな④村《むら》
⑦山《やま》
⑧車《くるま》
⑤田《た》んぼ
⑥石《いし》
⑨力《ちから》もち
大きな⑩町《まち》
⑪夕《ゆう》⑫日《ひ》
⑬人《ひと》が⑭立《た》つ
⑮川《かわ》の⑯水《みず》
⑰木
⑱貝《かい》
⑲森《もり》
⑳林《はやし》

1年 イラストかんじ かず・いろ・いっしゅうかん編《へん》

★えをみて、□の中にかんじを○にひらがなをかこう。
★できたら、えにいろをぬってね。

なまえ（　　）　5てん×20　てん

①一《いっ》こでも　にくまん
②二《に》ほんでも　さんま
③三《さん》とうでも　しか
④四《よん》ひきでも　ゴジラ
⑤五《ご》人でも　ろくろっくび
⑥六《ろっ》こでも　なつみかん
⑦七《しち》まいでも　やつで
⑧八《はっ》ぽんでも　きゅうり
⑨九《きゅう》こでも　トマト
⑩十《じっ》こでも　いちじく
⑪赤《あか》
⑫青《あお》
⑬白《しろ》
⑭日《にち》
⑮月《げつ》
⑯火《か》
⑰水《すい》
⑱木《もく》
⑲金《きん》
⑳土《ど》

わーい やすみだ

2年 イラストかんじ かぞく編《へん》

★えをみて、□の中にかんじをかこう。
★できたら、えにいろをぬってね。

名まえ（　　　）

5てん×20　　点

⑫

3年 イラスト漢字 氵（さんずい）・辶（しんにょう）（しんにゅう）編《へん》

★絵を見て、□の中に漢字を書こう。
★できたら、絵に色をぬってね。

名まえ（　　　）

5点×20　　点

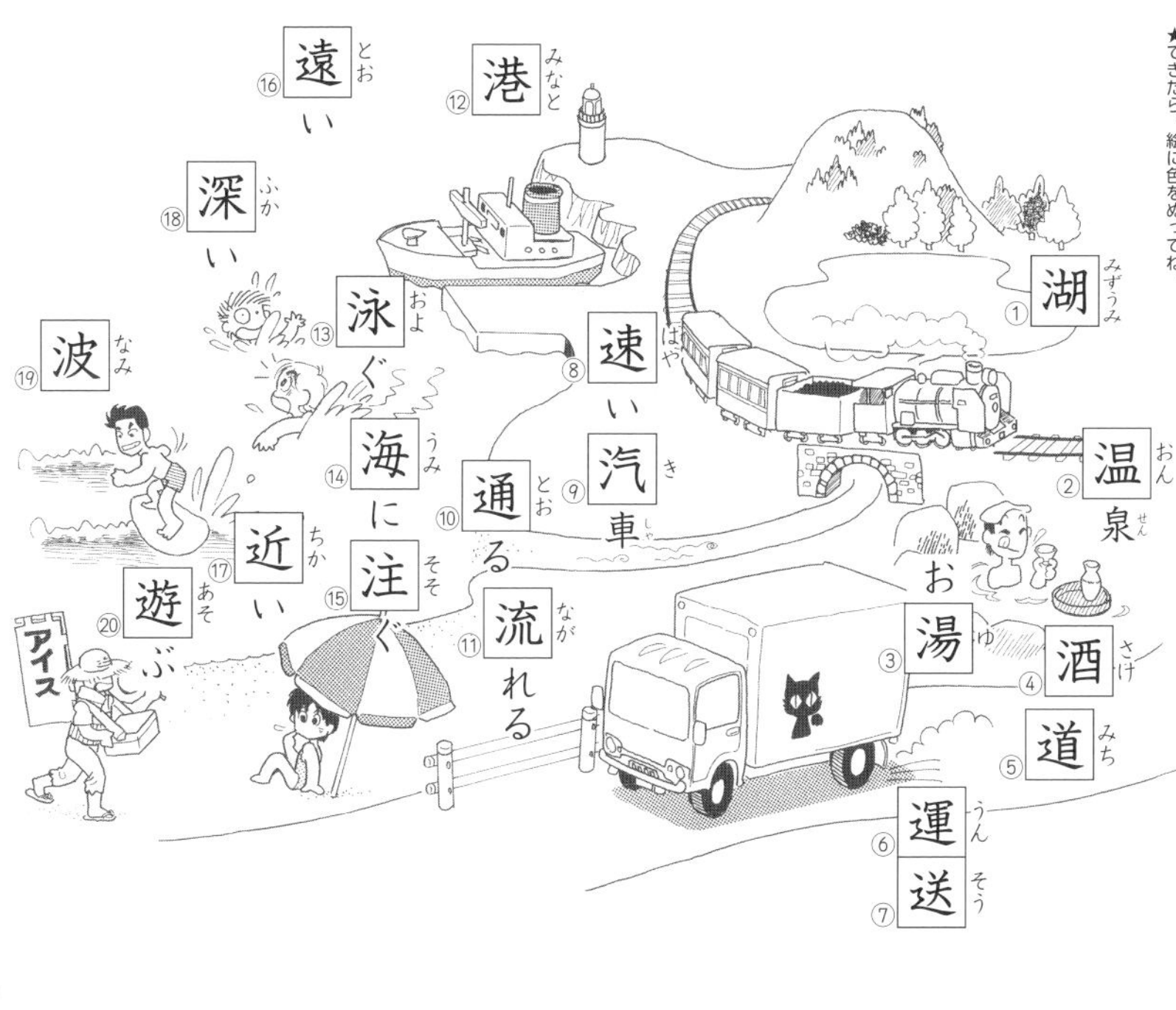

⑬

4年 イラスト漢字 宀（うかんむり）・亻（にんべん）編《へん》

★絵を見て、□の中に漢字を書こう。
★できたら、絵に色をぬってね。

名まえ（　　　）

5点×20　　点

⑭

5年 イラスト漢字 艹（くさかんむり）・木（きへん）編《へん》

★絵を見て、□の中に漢字を書こう。
★できたら、絵に色をぬってね。

名まえ（　　　）

5点×20　　点

⑮

6年 イラスト漢字 扌（てへん）・言（ごんべん）編《へん》

★絵を見て、□の中に漢字を書こう。
★できたら、絵に色をぬってね。

名まえ（　　　　）　　5点×20　　点

① 試《し》験《けん》の ② 説《せつ》明《めい》をする
③ さじを投《な》げる
④ 骨《はね》を折《お》る
⑤ 答えを探《さが》す
⑥ 居眠《いねむ》りが許《ゆる》される
⑦ 雑《ざつ》談《だん》する
⑧ 担《たん》任《にん》
⑨ 授《じゅ》業《ぎょう》
⑩ 雑《ざっ》誌《し》を ⑪ 読《よ》む
⑫ 採《さい》点
⑬ 提《てい》出《しゅつ》する
⑭ 討《とう》⑮ 論《ろん》会《かい》
⑯ 言《こと》葉《ば》につまる
⑰ 弁《べん》護《ご》
⑱ 議《ぎ》長《ちょう》
⑲ 誤《あやま》りを ⑳ 指《し》摘《てき》する

6年 イラスト漢字 天体編

★絵を見て、□の中に漢字を書こう。
★できたら、絵に色をぬってね。

名まえ（　　　　）　　5点×20　　点

※一つの言葉ができて完答

① 水《すい》星《せい》
② 金《きん》星《せい》
③ 地《ち》球《きゅう》
④ 火《か》星《せい》
⑤ 木《もく》星《せい》
⑥ 土《ど》星《せい》
⑦ 天《てん》王《のう》星《せい》
⑧ 海《かい》王《おう》星《せい》
⑨ めい王《おう》星《せい》
⑩ 月《つき》
⑪ 太《たい》陽《よう》
⑫ 星《せい》雲《うん》
⑬ 天《あま》の川《がわ》
⑭ 星《せい》座《ざ》
⑮ 銀《ぎん》河《が》
⑯ 飛《ひ》行《こう》士《し》
⑰ 宇《う》宙《ちゅう》船《せん》
⑱ 無《む》重《じゅう》力《りょく》
⑲ 引《いん》力《りょく》
⑳ 空《くう》気《き》

6年 イラスト漢字 人体編

★絵を見て、□の中に漢字を書こう。
★できたら、絵に色をぬってね。
★絵だけで分からなかったら下の問題をみよう。

名まえ（　　　　）　　4点×25　　点

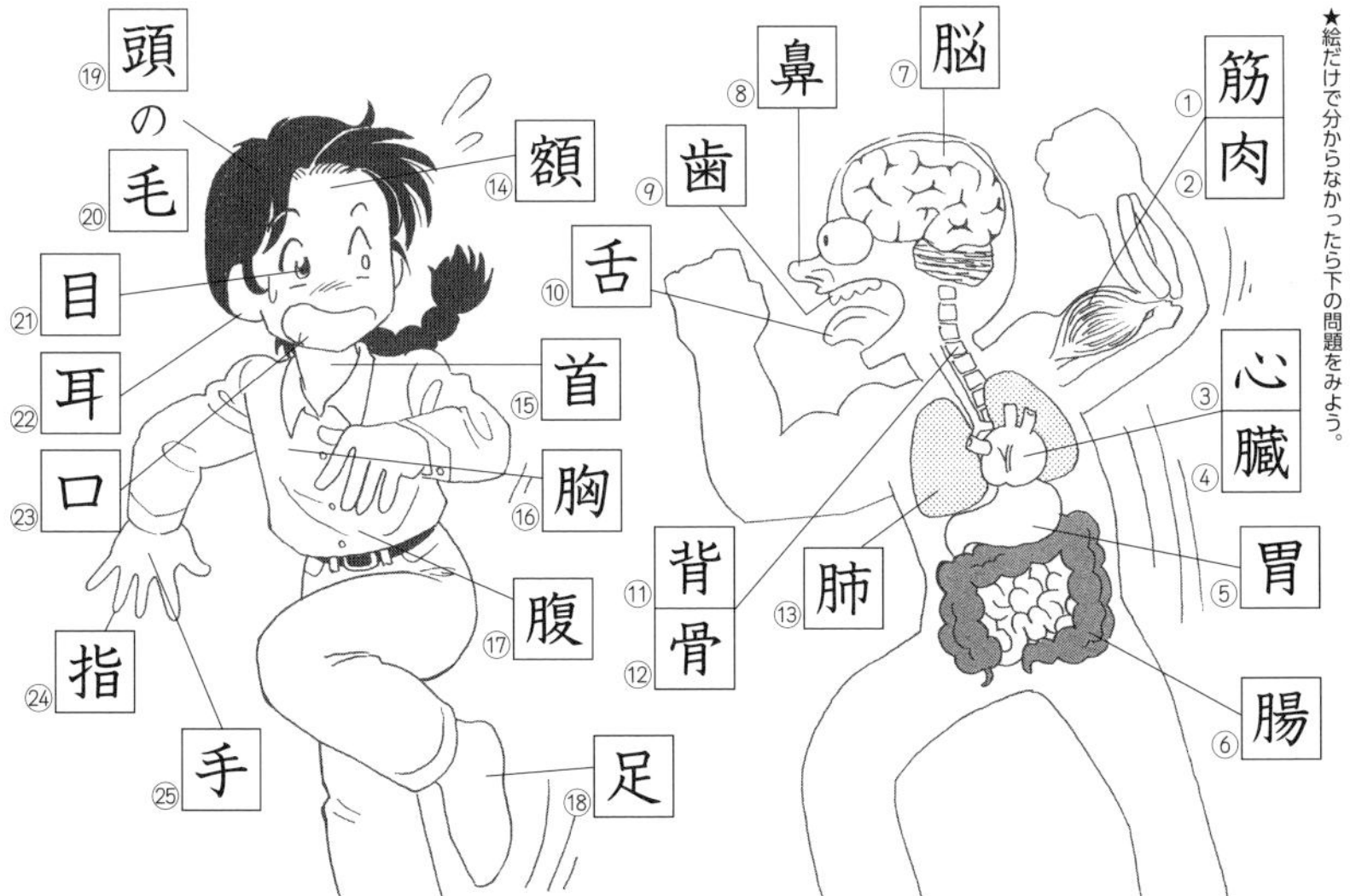

① 筋 ② 肉
③ 心 ④ 臓
⑤ 胃
⑥ 腸
⑦ 脳
⑧ 鼻
⑨ 歯
⑩ 舌
⑪ 背 ⑫ 骨
⑬ 肺
⑭ 額
⑮ 首
⑯ 胸
⑰ 腹
⑱ 足
⑲ 頭の ⑳ 毛
㉑ 目
㉒ 耳
㉓ 口
㉔ 指
㉕ 手

①② きんにく
③④ しんぞう
⑤ い
⑥ ちょう
⑦ のう
⑧ はな
⑨ は
⑩ した
⑪⑫ せぼね
⑬ はい
⑭ ひたい
⑮ くび
⑯ むね
⑰ はら
⑱ あし
⑲ あたま
⑳ け
㉑ め
㉒ みみ
㉓ くち
㉔ ゆび
㉕ て

6年 イラスト漢字 歴史編

★絵を見て、□の中に漢字を書こう。
★できたら、絵に色をぬってね。

名まえ（　　　　）　　4点×25　　点

① 化《か》 ② 石《せき》
③ 原《げん》 ④ 始《し》 ⑤ 人《じん》
⑥ 卵《たまご》
⑦ 貝《かい》づか
⑧ 骨《ほね》
⑨ 祖《そ》 ⑩ 先《せん》
⑪ 昔《むかし》
たて ⑫ 穴《あな》 ⑬ 式《しき》

⑭ 武《ぶ》 ⑮ 士《し》
⑯ 弓《ゆみ》
⑰ 矢《や》
⑱ 領《りょう》 ⑲ 地《ち》
⑳ 戦《せん》 ㉑ 国《ごく》
㉒ 将《しょう》 ㉓ 軍《ぐん》
㉔ 刀《かたな》
㉕ 兵《へい》

1年

ものがたりかんじ

ブレーメンのおんがくたい①

5てん×20

なまえ（　　）てん

1 □の中《なか》にかんじをかきましょう。

年《とし》をとって、はたらけなくなったろばが、林《はやし》の中《なか》を
とぼとぼと、あるいていました。
とちゅうで、犬《いぬ》と、ねこと、にわとりに出《で》あいました。
みんな、としをとっていました。
四《よん》ひきは、ブレーメンの町《まち》へいって、音《おん》がくたいを
やろうとはなしあいました。
ところが、森《もり》のなかで、日《ひ》がくれてしまいました。
「どこかに休《やす》むところはないかな。」
にわとりが、木《き》にのぼって、とおくを見《み》ると、
あかりがみえました。

1年

ものがたりかんじ

ブレーメンのおんがくたい②

なまえ

そのいえにつき、まどからのぞいてみますと、男《おとこ》の人《ひと》が、
おさけをのんでいます。はなしをきいていると、どうやら、
どろぼうのようです。
みんなは、そうだんして、いいことをおもいつきました。
ろばのせなかに、いぬがのり、いぬの上《うえ》にねこがのり、
そのまたうえに、とりがのりました。
「一《いち》、二《に》の、三《さん》。」
「コケコッコー。ニャーゴ。ワンワン。
ヒヒーン。」
いっせいになきました。
おどろいたどろぼうたちは、
「おばけだあ。」
といって、うら口《ぐち》から、にげて
しまいました。
よんひきは、なかよく、たのしく、
このいえでくらしました。

参考※グリム童話

1年

ものがたりかんじ

あかずきんちゃん①

5てん×20

なまえ（　　）てん

1 □の中《なか》にかんじをかきましょう。

あるところに、赤《あか》いぼうしがだいすきな、あかずきんちゃん
という女《おんな》の子《こ》がいました。
ある日《ひ》、おかあさんが、
「あかずきんや、おばあさんのおみまいに
いってきてちょうだい。みち草《くさ》しないでね。」といいました。
あかずきんちゃんは、森《もり》で、きれいな、白《しろ》い花《はな》を
たくさんつんでいきました。
そのころ、おおかみは、おばあさんをのみこみ、
おばあさんにばけて、ベッドに入《はい》りこんでねていました。
川《かわ》をわたり、あかずきんちゃんは、
おばあさんのうちにつきました。
おばあさんのようすがへんです。
「あら、おばあさんの耳《みみ》、大《おお》きいわ。」

1年

ものがたりかんじ

あかずきんちゃん②

なまえ

「おまえのこえが、よくきこえるようにさ。」
「目《め》も、おおきい。」
「よく見《み》えるようにさ。」
「手《て》も、おおきいわ。」
「よくつかめるようにさ。」
「口《くち》だって、おおきいわ。」
「それは、おまえをたべるためさ。」
と、おおかみは、あかずきんちゃんをのみこんでしまいました。
そこに、ちかくの村《むら》のりょうしがとおりかかりました。へんな
音《おと》がするので、のぞいてみると、おおかみが、おなかをふくらま
せてねています。おなかをきってみる
と、中《なか》から、あかずきんちゃんと
おばあさんが出《で》てきました。

参考※グリム童話

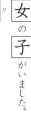

2年 ものがたりかんじ

ライオンとねずみ ①

なまえ（　　　　）

4てん×25　　てん

1 □の中《なか》にかんじをかきましょう。

アフリカの草原《はら》で、ライオンが昼《ひる》ねをしていました。

そこに、ねずみがやって来《き》て、ライオンの頭《あたま》にかけのぼりました。

「だれだ、わしの体《からだ》であそぶやつは。」

とおこって、ライオンは、ねずみをつかまえて、食《た》べようとしました。

ねずみがないてたのむので、ライオンは、ねずみをはなしてやりました。

ある日、ライオンは、りょうしにつかまって、太《ふと》い木にしばられていました。

ちょうどその時《とき》、ねずみが通《とお》りかかりました。

2年 ものがたりかんじ

ライオンとねずみ ②

なまえ

ライオンの声《こえ》を聞《き》いたねずみは、

まえにたすけてもらったことを思《おも》い出しました。

ねずみは、強《つよ》いはで、なわを切《き》ってやりました。

ライオンは、小さくて弱《よわ》いとおもっていたねずみにたすけてもらい、心《こころ》からおれいを言《い》いました。

それから、二ひきは、すっかり友《とも》だちになりました。

ねずみは、ライオンの長《なが》い茶色《ちゃいろ》の毛《け》の上を歩《ある》いたり、走《はし》ったりして、楽《たの》しくあそびました。

参考※イソップ童話

3年 物語漢字

きたかぜとたいよう ①

名まえ（　　　　）

4てん×25　　てん

1 □の中《なか》にかんじをかきましょう。

昔《むかし》、あばれものの北《きた》風《かぜ》が、お日様《さま》に言いました。

「わしの力はたいしたもんだぞ。木のえだをおることもできる。あんたに、そんなちからがあるかな。」

お日さまは、にこにこきたかぜの言うことを聞《き》いていました。

ちょうど、そこに、ひとりの旅《たび》人が通りかかりました。お日さまは、

「そんな力があるなら、あのたび人の上着《ぎ》をぬがすことができますか。」

と、きたかぜに言いました。きたかぜは、

「そんなこと、わけないさ。」

と、力いっぱいふき始《はじ》めました。

しかし、ふけばふくほど、たび人は、

「さむい、寒《さむ》い。」

と、ひっ死《し》で、服《ふく》をおさえました。

3年 物語漢字

きたかぜとたいよう ②

名まえ

そして、持《も》っていた重《おも》い荷《に》物《もつ》をおいて、動《うご》かなくなってしまいました。

「こんどは、わたしの番《ばん》ですよ。」

お日さまは、にこにこ、あたたかな光を投《な》げかけました。

たび人は、鼻《はな》のあたまに、あせをかいて

「ああ、急《きゅう》に暑《あつ》くなってきた。」

と言って、上ぎをぬぎ、水とうの水を飲《の》み、また、元気に進《すす》んで行きました。

負《ま》けたきたかぜは、小さくなって、どこかに行ってしまいました。

勝《か》ったお日さまは、やさしくわらいました。

参考※イソップ童話

4年

物語漢字

コロンブス

名まえ（　　　　）

2点×50　　点

1 □の中に漢字を書きましょう。

一四五一年、コロンブスは、イタリアのゼアノに生まれました。十四才になったコロンブスは、ラテン語や地理を学び、はじめての航《こう》海《かい》に出かけました。

二十五才で、努《ど》力《りょく》の結《けっ》果《か》、船長となりましたが、ベニスの船と戦《たたか》い、船が焼《や》かれました。浜《はま》辺《べ》に泳《およ》ぎつき、漁《ぎょ》村《そん》でしばらく地図をかいてくらしていました。

二十八才になり大《たい》西《せい》洋《よう》を進んでアジアへ行く近道の研《けん》究《きゅう》をしました。

一四九二年、四十二才の八月コロンブスは、スペインのイザベラ女王に熱《ねっ》心《しん》に願《ねが》いでて費《ひ》用《よう》の助けを受けました。たくさんの食《しょく》料《りょう》をのせて、サンタマリア号を先頭に、三せきの船《せん》隊《たい》は、パロスの港《みなと》を出ていきました。

「あの船は魔《ま》の海にのみこまれて二度と帰れないだろう。水《すい》夫《ふ》達《たち》もかわいそうだな。」

と見送る人たちは口々に言いました。無《ぶ》事《じ》に帰ると信《しん》じた人はほとんどいませんでした。

だれも乗《の》り入れたことのない海に、希《き》望《ぼう》と勇《ゆう》気《き》をもってコロンブスは進み出しました。

おだやかな天《てん》候《こう》が続《つづ》き、なかなか陸《りく》が見つからないまま九月は過《す》ぎ、十月に入ってしまいました。すいふたちの不《ふ》満《まん》の声を説《せっ》得《とく》し、協《きょう》力《りょく》してほしいとたのみました。

「鳥が飛《と》んでいるぞ！　りくが近いにちがいない。」

マストに登って西を見ているすいふが喜《よろこ》びの声をあげました。

一四九二年十月十二日午前二時、コロンブスはとうとうりくにであいました。コロンブスのめざした『黄金の国ジパング』ではありませんでしたがたいせいようをのりきったのです。

コロンブスは、りくちにスペインの旗《はた》をかかげ、たんけんの成《せい》功《こう》を静《しず》かにかみしめました。

その後もコロンブスは何度もたんけんを試《こころ》み、一五〇六年五月、五十五才でなくなりました。

5年

物語漢字

つるの恩返《がえ》し

名まえ（　　　　）

2点×50　　点

1 □の中に漢字を書きましょう。

昔《むかし》、あるところに、おじいさんとおばあさんが住《す》んでいました。

ある日、おじいさんは群《むれ》からはなれて枝《えだ》の上で苦《くる》しんでいるつるを助けました。

その夜、美《うつく》しいむすめが道に迷《まよ》ったとたずねてきました。おじいさんとおばあさんは、家に招《まね》きいれ、貧《まず》しいながらも、ごちそうしてあげました。

次《つぎ》の日、むすめは、はた織《お》りの部《へ》屋《や》に入って、布《ぬの》をおりあげました。二人は、むすめに、

「私が仕《し》事《ごと》をしているところは、絶《ぜっ》対《たい》に見ないで下さい。」

と険《けわ》しい顔で禁《きん》じられました。

そのぬのは、たいへん高いねだんで売《う》れました。俵《たわら》の米を買《か》い、質《しっ》素《そ》でしたが、三人は夢《ゆめ》のような豊《ゆた》かな気《き》持《も》ちでくらしました。少しの銭《ぜに》が残《のこ》るようになりました。しかし、一日が過《す》ぎるごとにむすめの体は弱《よわ》っていきます。おじいさんは、心《しん》配《ぱい》でたまらず、元気のない原《げん》因《いん》を調《しら》べようと戸の境《さかい》目からのぞいてみました。

「あ、あっ！」

なんとはたをおっていたのはつるだったのです。つるは自分の体から羽《はね》をぬき、ぬのにおりこんでいます。おじいさんに本当のすがたをみられたむすめは、

「私はあのとき助けていただいたつるです。人間のすがたになることを許《ゆる》され、私の技《ぎ》術《じゅつ》でぬのをおり、お礼《れい》をしようと思ったのです。」

と言うと戸口から出ていきました。おじいさんが何《なん》度《ど》謝《あやま》っても、承《しょう》知《ち》してくれませんでした。外に出たむすめは、再《ふたた》びつるのすがたに変《か》わり、ゆっくりと飛《と》びたっていきました。

参考※日本昔ばなし

6年

物語漢字

しょじょ寺のたぬきばやし

名まえ（　　　　）

2点×50　　点

1 □の中に漢字を書きましょう。

山に囲《かこ》まれたしょじょ寺という小さな寺がありました。山には、たぬきがいっぱい居て夜《よる》になると寺に来て腹《はら》づつみを打《う》ち、いたずらばかりしていました。

どのおしょうさんもたぬきのいたずらで翌《よく》日《じつ》には、寺からにげだしてしまいます。

ある日、たいへん身《み》なりのきたないおしょうさんが寺を訪《おとず》れました。おしょうさんは、石段《だん》をのぼりながらしょじょ寺がすっかり好《す》きになりました。そこでたぬきたちはおしょうさんを追《お》い出す相《そう》談《だん》をしました。

まず、幼《おさな》いぽん太が一つ目こぞうになり、現《あらわ》れましたが、

「これはかわいい。だんごでも食《く》え！」

と、背《せ》中を『ぽん』とたたかれ、のこのこ裏《うら》口から帰ってきました。

今度はぽん子が美しい姿《すがた》のむすめに化《ば》け、首をにょろにょろのばしました。おしょうは、

「おう、みごと、みごと。」

とぽん子に酒《さけ》を飲《の》ませる始《し》末《まつ》。興《こう》奮《ふん》したたぬきの親《おや》分《ぶん》はますますおこって、夜《よ》中《なか》にはらづつみをうちました。ところが、

「こりゃぁ、面《おも》白《しろ》い。私《わたし》も仲《なか》間《ま》に入《い》れろ！」

と言っていっしょになってやりはじめました。

さて、今《こん》夜《や》は満《まん》月《げつ》です。おしょうさんもたぬきもお寺の庭《にわ》に早《はや》くから勢《せい》ぞろいして楽《たの》しくはらつづみです。まっ赤《か》になって痛《いた》いおなかに薬《くすり》をぬりながら、並《なら》んで、

「しょ、しょ、しょじょ寺、しょじょ寺のにわは、ぽんぽこぽんの、すっぽんぽん。」

となり続《つづ》けます。

たぬきとおしょうさんはなかよく暮《く》らしました。

参考※日本昔ばなし

〈漢字二字熟語クロス〉

〈2年に習う漢字〉P.32
①本 ②文 ③方 ④魚 ⑤手 ⑥科 ⑦火 ⑧分 ⑨年 ⑩馬 ⑪線 ⑫気
⑬星 ⑭中 ⑮計 ⑯生 ⑰図 ⑱食 ⑲鳥 ⑳天

〈3年に習う漢字〉P.33
①期 ②表 ③家 ④物 ⑤重 ⑥放 ⑦注 ⑧宿 ⑨習 ⑩海 ⑪事 ⑫所
⑬行 ⑭商 ⑮和 ⑯球 ⑰定 ⑱感 ⑲子 ⑳薬

〈4年に習う漢字〉P.34
①灯 ②別 ③自 ④良 ⑤要 ⑥金 ⑦印 ⑧節 ⑨明 ⑩成 ⑪力 ⑫録
⑬場 ⑭日 ⑮満 ⑯用 ⑰理 ⑱類 ⑲養 ⑳参

〈5年に習う漢字〉P.35
①復 ②護 ③説 ④断 ⑤失 ⑥事 ⑦価 ⑧度 ⑨絶 ⑩備 ⑪率 ⑫情
⑬性 ⑭像 ⑮金 ⑯防 ⑰任 ⑱則 ⑲態 ⑳常

〈6年に習う漢字〉P.36
①補 ②法 ③痛 ④段 ⑤潮 ⑥磁 ⑦論 ⑧宝 ⑨模 ⑩骨 ⑪難 ⑫敬
⑬密 ⑭演 ⑮時 ⑯内 ⑰源 ⑱遺 ⑲存 ⑳皇

〈中学入試によく出る四字熟語〉

P.38
(1)一石二鳥 (2)一長一短 (3)千差万別 (4)一朝一夕 (5)一日千秋 (6)四苦八苦 (7)七転八倒
(8)二東三文 (9)一進一退 (10)十年一日

P.39
(1)弱肉強食 (2)古今東西 (3)無我夢中 (4)絶体絶命 (5)単刀直入 (6)以心伝心 (7)付和雷同
(8)右往左往 (9)臨機応変 (10)不言実行

P.40
(1)大同小異 (2)針小棒大 (3)空前絶後 (4)一進一退 (5)半信半疑 (6)晴耕雨読 (7)起死回生
(8)温故知新 (9)一長一短 (10)三寒四温

〈中学入試によく出る慣用句〉

P.41
(1)息 (2)歯 (3)鼻 (4)手 (5)耳 (6)広 (7)出 (8)乗 (9)回 (10)売

〈中学入試によく出ることわざ〉

P.42
(1)馬 (2)さる (3)ねこ (4)はち (5)犬

〈同じ訓をもつ漢字〉

P.43 (1)

① 会・合
② 直・治
③ 負・追
④ 生・産
⑤ 鳴・泣
⑥ 差・指
⑦ 建・立
⑧ 上・挙
⑨ 着・付
⑩ 登・上
⑪ 返・帰
⑫ 回・周
⑬ 覚・冷
⑭ 早・速
⑮ 放・話
⑯ 着・切
⑰ 明・開・空
⑱ 別・分
⑲ 変・代
⑳ 辺・当

P.44 (2)

① 織・折
② 表・現
③ 飼・買
④ 備・供
⑤ 効・聞
⑥ 破・敗
⑦ 交・混
⑧ 温・暖
⑨ 住・済
⑩ 経・減
⑪ 初・始
⑫ 射・居
⑬ 永・長
⑭ 止・留
⑮ 鳴・慣
⑯ 務・勤・努
⑰ 暑・熱・厚
⑱ 写・映・移
⑲ 測・量・計・図
⑳ 納・収・治・修

〈同じ音をもつ熟語〉

P.45 (1)

① 証明・照明
② 家庭・過程
③ 状態・常体
④ 伝記・電気
⑤ 転校・天候
⑥ 習慣・週刊
⑦ 指導・始動
⑧ 協力・強力
⑨ 保健・保険
⑩ 衛星・衛生
⑪ 記者・汽車
⑫ 自動・児童
⑬ 回転・開店
⑭ 高価・効果
⑮ 大洋・太陽
⑯ 賛成・酸性
⑰ 意思・医師
⑱ 機関・器官・気管・期間
⑲ 自身・自信
⑳ 正確・性格

P.46 (2)

① 生命・声明
② 以外・意外
③ 伝統・電灯
④ 構成（校正）・後世・公正
⑤ 工作・耕作
⑥ 両親・良心
⑦ 機械・機会
⑧ 用意・容易
⑨ 製紙（製糸）・静止
⑩ 事故・自己
⑪ 高山・鉱山
⑫ 気候・起工・帰校
⑬ 飛行・非行
⑭ 招待・正体
⑮ 人口・人工
⑯ 辞典・事典
⑰ 期待・気体
⑱ 快方・開放・解放
⑲ 消火・消化
⑳ 感心・関心

〈特別な読みかたをする漢字〉

①昨日 ②今日 ③明日 ④今朝 ⑤今年 ⑥一日 ⑦二日 ⑧二十日 ⑨七夕 ⑩時計 ⑪上手 ⑫下手
⑬父 ⑭母 ⑮大人 ⑯友達 ⑰兄 ⑱姉 ⑲一人 ⑳二人 ㉑博士 ㉒迷子 ㉓眼鏡 ㉔部屋 ㉕八百屋
㉖果物 ㉗手伝 ㉘川原（河原） ㉙清水 ㉚景色 ㉛真っ赤 ㉜真っ青

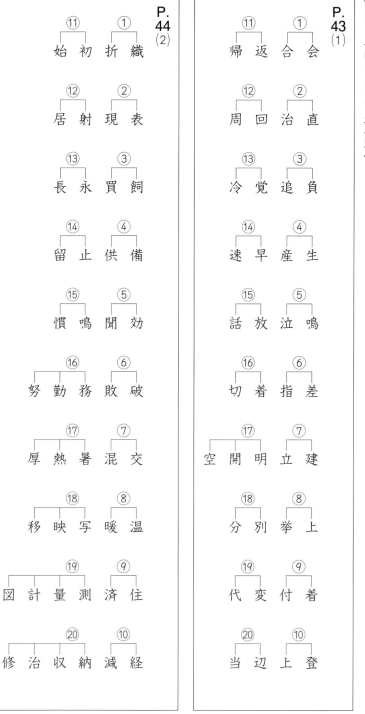

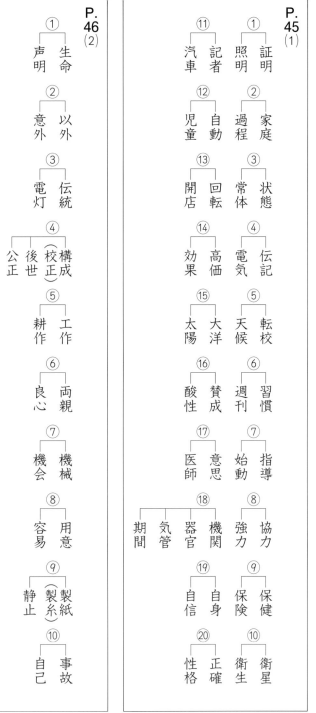

3年 まとめくん 漢字クロスワードパズル

名まえ

1 文	2 学	全	3 集		4 白	鳥
	級		5 金	6 銀	銅《どう》	
7 作	文	帳		世		8 社
	庫		9 世	界	10 大	会
11 色		12 電	話		都	
13 水	蒸《じょう》	気		14 集	会	(所)場

〈たてのヒント〉

2 クラスにあるたくさんの本
3 お金をあつめること
4 ○○貨。「手ぶくろを買いに」の子ぎつねがもっているお金
6 雪でおおわれたけしき
あたり一面○○
8 国語、○○、算数、理科
9 「金魚の○○をしっかりしなさい」とお母さんに言われた
10 大きな大きな町
11 アサガオで○○を作って遊ぼうよ
12 夜は暗いから○○をつけよう

〈よこのヒント〉

1 ある人が書いたものを全部集めた書物
4 湖にいるきれいな鳥
5 オリンピックメダルの種類《しゅるい》
7 作文を書くノート
9 オリンピックはスポーツの○○○○だよ
12 「もしもし……」
13 お湯をわかすと出てくる湯気のこと
14 みんなが集まる場所

4年 まとめくん 漢字クロスワードパズル

名まえ

1 校	外	4 学	習			11 味
長		校		7 大	8 発	見
		5 図	画	工	作	
2 参	考	書		仕		12 外
加			6 軍	事	9 大	国
3 賞《しょう》	品		隊		10 変	人

〈たてのヒント〉

1 学校の責任者
2 出るだけでこれはもらえる
4 校内においてある本。貸し出して読むこともできる
6 陸・海・空がある。いくさをする
7 本だなを作ったり、家を建てたりする
8 とつぜんおそってくるぜんそくの○○
9 重大なようす。「それは○○だ！」
11 おいしくできたかな。ちょっと食べてみよう
12 日本人も、アメリカに行けば○○○

〈よこのヒント〉

1 遠足や社会科見学など、学校の外で勉強すること
2 教科書だけではわからないので、○○○を読んで勉強する
3 クイズに正かいして、ごうかな○○が当たった
5 小学校の教科のひとつ
6 戦争のための兵器にお金をたくさん使っている国
7 とてもねうちのあるすばらしいものを見つけること
10 ちょっとかわった性格《せいかく》の人

5年 まとめくん 漢字クロスワードパズル

名まえ

1 招	5 待	6 状		11 成	13 人	式
2 集	合	態	9 度		格	
	室		10 数	12 学	者	
3 金		7 海		習		
属		8 運	動	能	力	14 別
4 製	造	業		率		居

〈たてのヒント〉

1 まねきあつめること
3 鉄・銅などでできていること
5 駅や病院にある
6 ものごとのありさま
7 海上を船で人や物を輸送する仕事
9 温度や角度などの数
12 朝すずしいうちに勉強すると○○○○が上がる
13 人がらのすぐれた人
14 家族・夫婦などがわかれわかれに住むこと

〈よこのヒント〉

1 パーティに来てほしいとき、出す手紙
2 朝会で集まったとき、みんなおしゃべり。○○○○がよくない
4 原料を加工して新しい品物をつくる仕事
8 スポーツが得意な人と不得意な人を分けること
10 ユークリッド、ガウス、広中平祐《ひろなかへいすけ》などの人々
11 二十才になったお祝いの式

6年 まとめくん 漢字クロスワードパズル

名まえ

1 最	2 高	学	3 年		4 風	車
	等		5 表	6 現	力	
7 低	学	年		代		8 通
	校		9 和	文	13 英	訳
10 年		11 洋	風		作	
12 始	業	式		14 一	文	無

〈たてのヒント〉

2 高校生の通っている学校
3 出来事を時代、年、月順などにしるしたもの
4 かぜのちから
6 今の時代の文
8 言葉が通じない人の間に立って相手の言うことを伝えること
9 日本の料理
10 一年のはじめ
11 西洋風のもの、○○トイレ
13 英語で書かれた作文

〈よこのヒント〉

1 小学校では六年生のこと
4 かぜでまわるくるま
5 身ぶり手ぶりなど、あらわし伝えるちから
7 小学校では一、二年生のこと
9 日本語を英語になおすこと
11 ヨーロッパやアメリカ風の料理、ステーキ、ハンバーグ
12 学期の授業がはじまるとき
14 お金をぜんぜん持っていないこと

あとがき

富田　大介

平成五年に「漢字まとめくん」を発刊して以来、好評のうちに版を重ねてきました。

この間、学習指導要領が一度改訂されましたが、学年別漢字の配当に変化はなく、「漢字まとめくん」は使い続けられてきました。

令和二年度から実施される新教育課程では、学年別漢字の配当が変わり、漢字の総数も千二十六字に増えました。これに合わせて「漢字まとめくん」も改訂することになりました。

大きな改訂点は次の三つです。

1　「漢字総まとめくん」のページを新学習指導要領の学年別配当漢字に合わせて作り直しました。四年生については、二百字を超えるため、百点×二枚になっていません。他学年については、読み替え漢字も付け加えて百点×二枚になるようにしました。

2　「学期別漢字まとめくん」のページは、従来は三学期制で作っていましたが、二学期制の学校も増えてきたことから、「○○○漢字まとめくん」として、二学期制、三学期制どちらでも対応できるように改めました。

3　四年生までに四十七都道府県名の漢字がすべて提出されることになりました。このうち、四年生に配当される漢字をまとめて学習する「都道府県名の漢字」というページを作りました。社会科でも学習しますが、漢字で書けることを目指して練習してほしいと思います。

その他の「物語漢字」「イラスト漢字」「漢字二字じゅく語クロス」「漢字クロスワードパズル」などのページは、少しの修正にとどめました。

この「新・漢字まとめくん」が多くの教室で活用され、子供たちに喜んで受け入れてもらえることを心から祈っています。

師尾　勇生

オリジナル版の本書との出会いは、一九九〇年代にまで遡ります。約三十年前です。

当時の私は中学受験勉強の真っ只中でした。その頃、母である師尾喜代子が一九九三年版「漢字まとめくん」の原稿を作っていました。家の中には居間にも寝室にも「漢字まとめくん」の原稿が置いてあるほどの状態でした。私はその原稿を目にするたびに問題を解いていました。

思い出深いのは「二字熟語漢字クロス」です。受験勉強で漢字や熟語をたくさん勉強し、少し天狗になっていた私の鼻を折ってくれる教材でした。「二年生」のページにさえ、頭を悩まされました。「四年生」のページにもなると、解けない問題がくやしくて、晩ご飯中も入浴中も考えました。解けた時は、すっきりし、気持ちよかったことを覚えています。他の問題にも、夢中で取り組みました。

母の教え子だった吉田英弘さんの絵もあたたかく、表情が豊かで魅力的でした。

時は流れました。社会人として、いろいろな寄り道をした後、教師になりました。二校目に赴任した学校の印刷室で「漢字まとめくん」を見つけました。

三〇年ぶりに手に取った「漢字まとめくん」は今も色あせることなく、教師の目で見ても、知的で素晴らしい教材でした。

向山先生は教師修行の一つとして、昔から原稿を書くことの重要性をおっしゃっています。原稿の執筆、書籍や教材の出版に関わることは、よりクリエイティブな授業作りとも通ずるところがあります。

向山洋一先生にお会いした時、「好きな本を出したらいい」と言ってくださいました。ぜひこの「漢字まとめくん」を、令和の時代にふさわしい形で世の中に出したいと思い、今回の出版となりました。編集の機会を頂き感謝いたします。

二〇一九年、明るく尊敬できる方ばかりの素晴らしい学校に異動しました。同学年を組んだ吉松一弘先生、篭嶋迅先生、児玉恵望子先生。若手研修の中心となって活躍する大谷貴子先生、エネルギーにあふれる鈴木誠矢先生、大木あゆみ先生。同僚たちが編集に協力してくれました。

ＶＵＣＡと言われ、めまぐるしく変わっていく世の中ですが、漢字のおもしろさ、漢字文化の継承は不易です。ＩＣＴ化が進み、日本の人口が減っていく中ではありますが、一人でも多くの子どもがこの教材と対話し、鉛筆を走らせて取り組んでくれると嬉しいです。

【監修】
向山　洋一（むこうやま　よういち）
東京都出身。東京学芸大学社会科卒業。東京都大田区の公立小学校教師となる。日本教育技術学会会長。NHK「クイズ面白ゼミナール」教科書問題作成委員、千葉大学非常勤講師、上海師範大学客員教授などの経歴をもつ。著書多数。
退職後は、TOSS（Teacher's Organization of Skill Sharing）の運営に力を注いでいる。

【編著】
富田　大介（とみた　だいすけ）
東京都出身。東京学芸大学社会科卒業。東京都公立小学校勤務
著書「1993 年版漢字まとめくん」・「社会科用語まとめくん」など

師尾　勇生（もろお　ゆうき）
神奈川県出身。青山学院大学理工学部卒。半導体技術者として社会人経験後、東京都公立小学校に勤務。在外教育施設文部科学省派遣教員として 2015 年度から３年間パリ日本人学校で研修。著書「キーワードで教える SDGs」編集協力

【イラスト】
吉田　英弘（よしだ　ひでひろ）
東京都出身。東京大学工学部卒業。東京大学工学部教授
＊イラストは、1993 年版漢字まとめくんに描き下ろしたものです。

【編集協力】
大谷貴子　吉松一弘　篭嶋迅　児玉恵望子
大木あゆみ　鈴木誠矢
柴崎昌紀（表紙イラスト提供）

全学年漢字まとめくん

2020 年 3 月 26 日　第 1 版第 1 刷発行
2024 年 4 月 17 日　第 1 版第 4 刷発行

監　修　向山　洋一
編　著　富田　大介
　　　　師尾　勇生
イラスト　吉田　英弘
装丁デザイン　師尾有紀江
発 行 者　師尾喜代子
発 行 所　株式会社　騒人社
〒142-0064　東京都品川区旗の台 2-4-11
TEL 03-5751-7662　FAX 03-5751-7663
会社 HP　http://soujin-sha.com/
本文レイアウト・印刷製本　株式会社双文社印刷

ISBN978-4-88290-0900　C8537